イラスト1

イラスト2

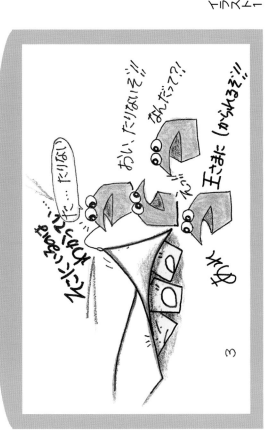

イラスト3

イラスト4

文章1

「今日のお話は、これ」
[7－4のものがたりぃー]
[これ、楽しいやつだよね]
[ん？]

文章2

[ほら、たりないぞっ、っていうやつ]
[わかったぁ！バラのくるるんがたりないから、
王さまにしかられるねー！っていうあれね]
[見つけたぞ、あそこだっ！]
[いくぞー！]
[わあっ‼ カエルだよっ！]
[かくれよう！]

文章3

[た、たりない] [おい！ たりないぞ！]
[なんだって⁉] [王さまに しかられるぞ！]
[あれ？]
[あのカエル、ごろるんに気がついたんじゃない？]
[ペろーん、ペろーん、って、なめたらいいんだよねぇ？]
[そう、そう。でも、そしたらへんなんが……]

文章4

[待て、待てっ！ おれがあいてだ！ えいっ‼]
[うわっ！ ごろるんがカエルの口にとびこんだっ！]
[カエル、くるしそうだよ！]
[うえ～っ……]

「……ぺっ!!」

［うわぁ！　へんしんとけちゃったぁ！］
［うぇ～、きもちわる～い］
［おい、4ポイできるぞっ！］

文章5

［4ポイ、パックーン。あばよっ！］
［かわいそうー。1くるりんだけになっちゃったぁ］
［ちがうちがう、まだかくれているくるりんもいるよね］

文章6

［わ～ん、こわかったよぅ。っていってるよね、きっと］
［かわいそうに、なみだがでてるよ］
［王さまは、お城でくるりんたちと楽しくあそびました］
［え～!!　王さまって、小さい子どもだったんかなぁ？］
［さあ、どうでしょう。それはさておき、7-4の問題は、
どうやって計算したらよかったのかな？
まずは、［王さま劇場］をやって、考えてみましょう］
［うぇ～っ!!　ぺっ！　で、へんしんがとけちゃうんだよね］

文章7

**つくりたい大きさに拡大コピーし、イラスト面と文字面を
貼り合わせて、紙芝居を完成させましょう。**

● 用紙は100円ショップなどで販売している厚紙が便利です。

● イラストと裏面の文章の組み合わせを間違えないよう気をつけましょう。

イラスト1の裏面➡文章2　イラスト2の裏面➡文章3
イラスト3の裏面➡文章4　イラスト4の裏面➡文章5
イラスト5の裏面➡文章6　イラスト6の裏面➡文章7
イラスト7の裏面➡文章1

● 本誌内に紹介されている他の紙芝居も、［さんすうしい!!］を検索すると、
ダウンロードすることができます。他の紙芝居もつくって楽しみましょう。

特別支援の算数学習
さんすうを
あきらめないで

倉澤明子【著】

いかだ社

はじめに
“物語の世界”でさんすうを

「先生、本を書いて！」と、一番応援してくれたのは、お母さんたちでした。

「先生に出会えてなかったら、うちの子の今はないって、ホントそう思う」

「あの低学年の時の指導がなかったら、こんなふうには、なれとらんよね」

今は中学生や小学校の高学年になった子どもたちの未来が、本当にひらけてきたことを喜び、

「もっとたくさんの子どもらが、あんな授業に出会えたらいいのにね」と、本気で願ってくれたのです。

「この子の未来は、どうやったらひらいてやれるだろうか」と、悩み、願う、先生やお母さんたちのために、具体的な「どうやったら」（指導）について、まとめることにしました。

言葉や知的な発達が未熟でも、言葉や数の認知に欠けがあっても、発達はするのです。ただ、発達を動かすスイッチが隠れていて、オフのまま……。

そうです。スイッチをオンにして、子どもたちはもちろん先生自身が楽しくてたまらない毎日の授業をつくっていきましょう。

イラストは、紙芝居
「王さまの命令その5」より。
9までのひき算「7－4」型は、繰り下がりにつながる重要なところだから、大切に扱いたいです。

発達スイッチ "オン"

　では、どうやったら子どもたちを楽しくてたまらない世界に引き込めるでしょうか？　どうやら子どもたちは、ちゃんとその能力を（楽しい世界に向かう能力を）もっているようです。

　カギは、「子ども語*¹」で語りかけること。手に持った人形や［くるるん］（算数のタイル*²）になりきって語りかけるのです。

　つまり、わたしたちのほうが子どもたちのもつ、"ごっこあそびの世界" に飛び込むのです。そして、物語の世界で算数を展開するというわけです。

　さあ、はじめましょう。

*１　「子ども語」は倉澤の造語です。アニメの
　　声優のような発声は、子どもたちの心を驚くほ
　　どとらえます。ですから、ごっこあそびの世界
　　で繰り広げられる学習は、子どもたちに不思議
　　な効果をもたらすのです。
*２　具体的なものと抽象的な数との中間に、半
　　具体物として最も有効な教具が、「タイル」です。

大阪数学教育協議会（大阪数教協）**のウェブサイト「さんすうしぃ!!」について**

　「さんすうしぃ!!」では、数学教育協議会の活動と、授業に役立つかもしれない教材・教具・おもちゃ・実験・工作などを紹介しています。

　「さんすうしぃ!!」内の倉澤明子特設ページ『子どもの笑顔が見たくて』では、本書で紹介している紙芝居などの教具をダウンロードできます。

　いかだ社ウェブサイトの本書紹介ページのリンク　➡　
からもアクセスできます。

目次

はじめに "物語の世界" でさんすうを　6

1　数との出会い　10
タイルのつくり方・使い方……11

2　5までの数……ここが勝負どころ　12
（1）1対1対応
【コラム】　数を意味あるものとして学ぶ　14
紙芝居を使って……15
教具を使って……16
①両手取りボックス～その1～……16
②両手取りボックス～その2～……17
③りんごカード……18
④ペンギンジャンプ……19
（2）5の補数　5までの数が全てのカギに……20
ハイタッチが生み出す不思議……21
⑤5の補数取りゲーム……22
【コラム】　なぜ、10ではなくて5までなの？　23

3　5までのたし算
♪歌うように　唱えるように　24
♣言葉の壁を越え、考える力を育てる……25
♣5までのたし算で筆算を……26
1枚紙芝居「3＋2の物語」……27
1枚紙芝居「3＋2の物語」をつくろう……28
プリント　30

4　5までのひき算　32
（1）ひき算が苦手な子どもたち……32
紙芝居「王さまの命令　その1」……33
（2）「王さまの命令」物語を楽しもう……35
（3）ひき算はカエルでスッキリ！……36
（4）5をつかむ　5をかたまりでとらえる……38
5をかたまりでとらえる物語
紙芝居「きょうはピクニック」……39
（5）5をつかむ　固めた5をくずす物語……43
プリント　45

5　5から9までの数
「5のカンヅメ」を使って　48
①両手取りボックス～その3～……48
②りんごカード……49
③ペンギンジャンプ……49

6　9までのたし算　50
（1）"もてもてごろろん"のかたぐるま
（5＋1型）……50
紙芝居「くるるんたちのくらし」……50
【王さま劇場をつくろう】……54
プリント　55
（2）とうめいマント型（6＋3型）……56
プリント　57
（3）花いちもんめ型（4＋3型）……58
プリント　59
1枚紙芝居の使い方……60
花いちもんめの問題（4＋3型）が一番難しい……61
ゲーム：型分け名人になろう……62
プリント　63

7　9までのひき算　64

（1）チビガエル、出動！（7－2型）……64
紙芝居「王さまの命令　その2」……64
（2）デカガエル、出動！（7－5型）……66
紙芝居「王さまの命令　その3」……66
（3）デカ・チビ、出動！（7－6型）……68
紙芝居「王さまの命令　その4」……68
プリント　70
（4）「うぇ～、ぺっ！」（7－4型）……73
紙芝居「王さまの命令　その5」……73
プリント　75
型分けゲームをしよう……76
デカガエルをつくろう……77
【ちがいを求めるひき算】へらない？　ひき算（求差）……78

8　二桁の数　10をかたまりでとらえる　80

紙芝居「ようこそ　ぼくたちのうちへ」……80
（1）ブロック取りゲーム……82
第一段階　一桁の数でのゲーム……83
♣工夫次第で未来がひらける……84
【コラム】奇跡のようなSちゃんの変容　85
第二段階　一～三桁の数でのゲーム……87
♣ひき算の意味や場面を再認識……89
♣つまずくところは決まっている……90
（2）ふわ玉飛ばしゲーム……91
汽車ポッポ……93
汽車ポッポをつくろう……95
プリント　97

9　繰り上がりのたし算　102

（1）ごろろん　ふたり型……102
【「おとまりハウス」で繰り上がりを考える】……102
【ブロックで筆算を】……103
【歌ってやっちゃおう　繰り上がりのたし算】……104
筆算シート　106
（2）ごろろん　ひとり型……107
【型分けゲームをしよう】……109
プリント　110

10　繰り下がりのひき算　114

（1）5ポイ、バラポイ型……114
紙芝居
「いたずらロボットとりあつかいせつ明書」……114
10の"へんしんもどれ"ごっこ①……117
唱えてやっちゃおう　繰り下がりのひき算……118
①5ポイ　バラポイ型……118
②5ポイ　0ポイ型……119
③バラだけ　ポイ型……119
5ポイ バラポイ型で筆算を考えよう……120
10の"へんしんもどれ"ごっこ②……121
プリント　122
ブレイクタイム　127
【コラム】「こども語」と子どもの世界　128
型紙　130

おわりに　131

●本文中のQRコードにアクセスすると、授業
　内容の動画が見られます。
●本文中「魔法使いの子ペペ」は、まついのり
　こさんのキャラクターを参考にしています。
●一の位・十の位の怪獣箱のイラストは、沖縄
　のAYANO・Iさん。
●QRコードのビデオ内のプリントは、北海道
　地区数学教育協議会（道数協）作成のプリン
　トです。
●繰り下がりの歌は大原唯夫先生作曲。道数協
　プリントより。

（1 数との出会い）

おはよう

「やあ、おはよう！」

　子どもたちはお話の世界が大好きです。［くるるん］が「おはよう♥」と呼びかけるだけで、子どもたちは、ぱっと目を輝かせます。

おはよう！
ぼく、くるるん.
よろしくね♥

　「ぼくは　くるるんだよ。ぼくの名前を呼んでみて！」
　「くるるん！」
　「はーい♥○○君だね、今日から楽しい算数の世界であそべるね。ほら、握手しよう。よろしく！」

　よろしく！　と握手（くるるんの角っこをつまんで）すれば、もう、くるるんの算数の世界に引き込まれてしまいます。

　「なかまを連れて来たから、しょうかいするね。おーい、くるるん！」
　「やあ、おはよう。ぼく、くるるんだよ」
　「おはよう、ぼくも、くるるんだよ。よろしくね」
　「ぼくたちみんなで、3くるるん♥わーい」

　「あのね、ぼくたち、おなかがぺっこぺこなの。向こうのお店でおいしいもの、買ってきてくれない？」

ぼくたち みんなで 3くるるん

おなか すいたなー

むこうのお店で おいしいもの かってきてな.

ぴったり 3だよ！

　ちょっと離れた場所に、いろんなものをいろんな数で準備しておきます。
　「お願いします」と、子どもにトレイを渡しましょう。
　数の認知が未熟な場合もあるでしょう。学年が同じでも発達段階はまちまち。それでも一緒にできるのがゲームやごっこあそびです。
　「ぴったり3」といって3の数字がわからなくても、また、「さん」という数詞を知らなくても、楽しめます。

> **ポイント**
> 教える順は、「1」でも「2」でもなく、「3」から。(p14参照)

タイルのつくり方・使い方

くるるんを3人登場させて、「3の世界」へ出かけましょう。

最初はタイルに顔を描いたほうがいいかも。

最初のタイルは6cm角。ゴム板磁石でつくると、黒板やホワイトボードに貼りつけられます。くるるん5個と、ごろろんを1個つくります。

つくり方

① マグネットシートを2枚準備する。

② 長さが30cmなので、縦はそのまま30cm、横を6cm幅で2枚つくる。

　　長さ30cmのほうはごろろん。もう1枚は6cm角に切ると、ちょうど5枚つくれる。これがくるるん。

●縦に切る時は真っ直ぐに切りたいので、カッターナイフを使う。かたいので、何度も何度も刃を当てて切る。定規をしっかり力を入れて押さえること。くるるんはハサミで切れる。

③ マジックで顔を描き、こすれて消えないように幅広テープでカバー。その際は、短い鉛筆等を寝かせ、空気が入らないように端からすべらせて押さえていくといい。

探しに行こう

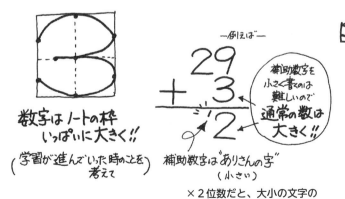

数字はノートの枠いっぱいに大きく!!

(学習が進んでいた時のことを考えて)

―例えば―

$$29 + 3$$

補助数字を小さく書くのは難しいので通常の数は大きく!!

補助数字は"ありさんの字"（小さい）

×2位数だと、大小の文字の使い分けが、さらに重要に!

ぼく バナ だーいすき♡

でも、ピッタリじゃないと…

ぴったりの数じゃないと食べられないという設定。

（2 5までの数……ここが勝負どころ）

5までが、実はとっても大切なんです。だって、発達に課題を抱える多くの子どもたちが、「4の壁」にはばまれているからです。ここはあせらず、手と身体を使って、たくさんの活動を楽しみましょう。

（1） 1対1対応

ピクニック

4匹のウサギたちのために買い物に行く場面。1匹に1本ずつのニンジンをピッタリ買ってこないといけない。

今日はピクニック
おねがいね

ピクニックの おべんとう。
ニンジンが いいな
ピッタリの かず。おねがいね

買ってきてね

お買いものは
わたしに まかせて！

トレイを用意。

はーい！

ピッタリ4
たね。どうぞ！

お店は、ウサギたちから
少し離した場所に設置。

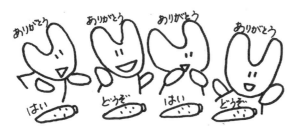

ありがとう　ありがとう　ありがとう　ありがとう
はい　どうぞ　はい　どうぞ

ぴったりでなければ、
「ごめんね、ぼくたち
ぴったりじゃないと食べ
られないんだ」

ウサギたちが待っているから、間違ったって、子どもたちは、へこたれません。
「もう1回、おねがいしていいかな？……ありがとう♥」

楽しさに加え、お願いされたっていうことが、子どもたちにもてる力以上の力を与えます。

おやつをどうぞ

「ぼくたち、おなかがぺっこぺこなの。
ぴったりのおやつをおねがいしまーす」

エピソード

　4月に入学してきたN君の数の認知は1〜
3。数唱も、手の動きと数唱がマッチングし
ていないので、ズレて数唱の意味をなしませ
んでした。どうしよう……。給食の食器を数
える役目を、思いきってN君に任せることに。
そして算数では、5までの数をたくさん楽し
んでもらいました。

乗り物を頼んでね

「ぼくたちみんなが、ぴったり乗れるバスを頼んでく
れませんか？」

　バスは、給食の牛乳パックを浅く切って、ホチキスで
とめるだけ。1・2・3・4・5の5種類が、向こうの
車庫（机）に。

　車庫の前に立つと、子どもからカエルが見えない。
……というのがポイント。数がわからなくなったら、振
り向いて数を確かめる。

　振り向いてもわからなくて困っているようなら、

「ぼくたち、ついて来ちゃったよ。わあ、車庫って広
いんだね。ぼくたちのバスはどれかなあ……」と、カエ
ルとバスを見比べられる位置に移動してあげましょう。

　子どもの様子を見て、ストーリーを変え、難易度を子
どもに合わせれば、学年や学習の状態が違う複数の子ど
もたちを、一緒の授業に組み込むことができます。

　個別の学習より、集団での学習のほうが楽しさも学び
の深さも、ぐっと増します。

ぴったりの乗り物

エピソード

　N君の食器を数える仕事も少しずつ慣れてきたある日、ふ
と見ると小おかずの数が足りません！

　（まずい！　どうしよう……）と思いつつも見守っている
と、「あれ？」とN君も気づきました。確かめてみると、数
え損ねたのではなく、おかずをよそう際に2枚重なって配膳
されていたのです。

　気づいたN君に拍手が送られました。任せた大人もドキド
キでしたが、この小さな事件は、任されること、数を数える
意味をN君に感じさせたようです。

しゅっぱーつ

数を意味あるものとして学ぶ

「この子は、1がわからないんです」

こんな、若い先生の悩みと出会うことがあります。たとえば、クラスが5学年7人といった悪条件の中で、繰り返し教えてきたが、まだ「1」がわからない。同じことを繰り返しても先は見えてきません。

「1から教えようというのは、何か理由あってのことですか？」

「え？　1が数の初めだから？」

前のページの1対1対応で、一番大切なのは、くるるんたちにぴったりの食べ物を探してくること、くるるんたちを喜ばせることです。ピッタリじゃないと、喜んでもらえなかったり、食べてもらえなかったりしますから、ピッタリを準備できたら嬉しくなります。

「1」では集合数（量）としてとらえさせにくい。ピッタリだととらえさせるには「3」くらいからはじめるのがよさそうです。

「いただきま〜す」と、食べさせる時の子どもの表情は、笑顔が輝いて、その幸せそうな姿にあなたは衝撃を受けるかもしれません。「わからない・できない」と、周りから判断され、「わからない・できない世界」に住んでいた子が、「楽しい」と感じるのは、今まさに欲しい学びに出会ったからだと思います。言い換えるなら、発達要求が働いているからだと思うのです。

ではそこに、「数詞」や「数字」は必要でしょうか。「数詞」や「数字」がなくては授業したことにはならないでしょうか？

あわてなくていいのです。「楽しい」と心が動いたら、滞ってきた発達が動きはじめます。空っぽのようにも見えていた子どもの「賢さのコップ」に、楽しい活動をどんどん注ぎ足していきましょう。あふれるほどに。

その頃には、子どもの中に次なる発達要求が芽生えているはずです。

【紙芝居を使って】

「つかんで欲しい重要なことって、教えるのが難しい。特別支援の子どもたちには無理でしょう？」

そう思われがちです。そんな時、紙芝居が大きな、大きな威力を発揮します。わたしは、入門期の算数で必ず次の2冊を取り上げることにしています。

『そらの　うんてんしゅ』
松井エイコ［作・絵］（童心社）

"そらののりもの"は、「3」そろうと動き出す。2や1では動かない。ところが「3」乗ったのに動かない。あれ？　どうしてだろう？……

（なるほど、そういうことかぁ）と納得。

1年生の算数のはじめのはじめ、「数の導入」が、なかま集めから入るけれど、「同じなかまの集合」という大事なポイントが意識に残らないまま通過しちゃってるかも……。子どもたちに読んでみてください。

紙芝居の威力ってすごいですよ。

『ぺちゃぺちゃくっちゅん』
まついのりこ［作・絵］（童心社）

この紙芝居ですごいのは、紙芝居の途中でいったん紙芝居を置いて子どもたちの活動が仕込まれていることです。小さなオバケがやって来て、「0このものをちょうだい」とねだります。子どもたちはオバケ（読み手であるわたし）のところにやって来て、「0このおにぎり、はい

0このドーナツ
はい、どうぞ

いい
からっぽ

どうぞ」と、空っぽの手を差し出します。オバケは食べる動作をして、「ぺちゃぺちゃくっちゅん、あー、おいしかった」と応じます。「0」を介してのこの動作（操作）で「0」を体感。身体で理解してしまうのです。

まついのりこさんの夫である松井幹夫さんは、数学教育協議会の中心的メンバーとして活躍されてきました。算数紙芝居や絵本の制作にあたって、「そんな説明じゃ、わからない」（のりこさん）と、本質を突くやりとりが重ねられたと聞きます。「0」は、この先に続く学習の各所で重要。ぜひ取り上げて欲しいものです。

● 「0」は、5までの一括りの学習として、取り上げましょう。ないのではなく、「0がある」というのは、子どもたちにとって、不思議でもあり、新しくておもしろい学習です。

【教具を使って】

① 両手取りボックス〜その１〜

わたしたちは普段から、視覚に頼りすぎています。手探りでブロック取りを楽しみましょう。

① 箱の中にブロックがいくつあるか、手探りで当てる。

② 箱の中からカードの数だけ手探りで取る。

●②が難しそうなら、先生のお手本を見ながら、手探りで取ってもらいましょう。すぐできるようになります。

●ブロックは２〜３cm角。わたしは３cm角を使っています。ここで使うのは１人に６個くらいですが、後々の学習（ペンギンジャンプ）で55個使用します。(p49)（ブロックは吉理キューブで検索）

「お宝ボックスでじんせい救われた」……えっ？

わたしが出会った子どもたちの多くは、「４の壁」でつまずき、そこで学習が停滞していました。「４の壁」は高く、その先の世界への道をはばまれて、学習が停滞してきたようです。でも、両手取りボックスと出会えたら、人生、変わるかもしれませんよ。ヒミツがたくさんあるのです。

> ### エピソード
>
> 両手取りボックスに出会ったAさんは、家でさっそく手づくり。「お宝ボックス」と名づけて、ずっと大切にしていました。今は大学生。「お宝ボックスで人生、救われた」といっていたそうです。

両手取りボックスのつくり方

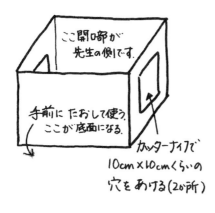

ここ開口部が先生の側です。

手前にたおして使う。ここが底面になる。

カッターナイフで10cm×10cmくらいの穴をあける(２か所)

B5用紙

こういう箱だと、穴あけは大変ですが、図のように開口部を作ることで強度が増します。

② 両手取りボックス〜その２〜

5までの数

「両手で取ってね」といわれると、大人でも意外に戸惑うのが「1」と「0」。

「0」は空っぽ。とわかると、「こっちは0」、「どっちも0」と、笑顔になります。

わかっているようでわかってないのが「1」と「0」です。

こっちは0

どっちも0

4の壁

数認識には、「1〜3」と「4」の間に、認識の壁があるようです。それならば認識可能な「1」や「2」を使ってとらえさせましょう。

「2」と「2」で「4」

両手取りボックスのヒミツ

① 視覚をさえぎることで、触覚の機能をアップさせる。

② 触覚から、言語を引き出す。ふわふわ・ザラザラ・やわらかいなど。

③ 図形の特徴に気づかせる。とがってる・真っすぐ・円い・その他、頂点や辺の数・直角など。

つまり、両手取りボックスは感覚統合から言語、図形や分数など、いろいろに活用できます。

しかし、なんといっても**両手取りボックスのもっとも大きな効用は、イメージ機能を育てること。**

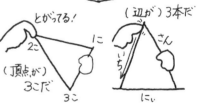

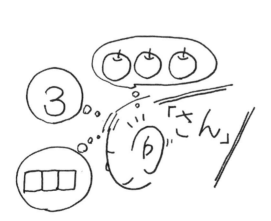

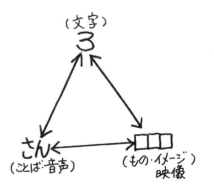

イメージ機能が発達すると、安心して生活できるようになり、知的な力も伸びはじめます。

0から5までの学習で、やりたいゲームがたくさん

③ りんごカード　　りんごカードは「さんすうしい!!」で検索。

数字カード、数詞カード、タイルカード、りんごのカードの4種類があります。

学習の進み具合や、子どもたちの状況に合わせて、使うカードを絞るのがおススメです。（カードは0から10まであり、学習が進めばそれに合わせてカードを増やせます。まずは少ない枚数から）

たとえば0〜3までにするとか、種類を数字カードとタイルカードだけというようにして、まず並べてみましょう。そしてゲーム開始。

「3ならべ」は「7ならべ」の変形。「大小ゲーム」は、"せーの、パン！"で同時に出したカードで一番数の大きかった人がその場のカードをもらえる。

3ならべ

〈3ならべ〉

〈大小ゲーム〉

大小ゲーム

花札

〈花札〉

ゲームになると、びっくりするほどモチベーションが上がります。考える力がフル稼働！

一緒にやって楽しい悔しがり方や喜び方ってありますね。みんなで楽しみ、みんなで賢くなっていきたいものです。

神経衰弱は、得意不得意が顕著にでます。意外な子が活躍するのもこのゲーム。極端に苦手な子には、3枚目をめくれる特別ルールをつくるなど、みんなで考えるのも学習です。

●カードをめくったり出したりする時、必ず声に出すようにしましょう。五感を同時に使うと、脳の各部位をループで使うことになり、学習効果が上がります。

神経衰弱

〈神経衰弱〉

数字 3 具体物

さん 数詞

タイル・ブロック

④ ペンギンジャンプ

子どもの好きなフィギュアを数の階段であそばせよう。

発達段階によっては、4を積むのが難しい子も。1、2、3、3、3……と！ 4段目が積めないかもしれません。

ペンギンジャンプ

でも大好きなフィギュアが、
「ねえ、もう1つ高く積んで！」と頼めば、奇跡が起きるかも。

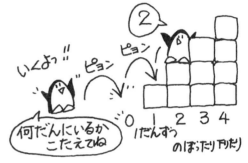

エピソード

　T君は、「ペンギンジャンプ」という物語の世界で奇跡を起こしました。

　「やったぁ、高くなったぞー！ T君、ありがとう！」

　T君は握手を求められてフィギュアと握手。気づけば同じ教室で別の学習をしていたはずの子どもたち、みーんなに見つめられていたのです。

　共感体験を積むと、発達も積み上がっていきます。この日のお試し授業から、T君は週に数回、同級生たちの「ひまわり算数」（自閉症・情緒障害学級）に参加することになりました。(p44にイラスト)

（2）5の補数　5までの数が全てのカギに

5ン太くん

教具は、コミュニケーションツールにもなります。言葉が未発達な子どもであっても、算数の世界をひらいてくれます。言葉を介さずとも、醬油さしの「5ン太くん」で、"補数"は楽しい算数ゲームに。

「こっちに見えているビー玉は2。反対側はいくつかな？」
5ン太くんのこちら側やあちら側を指差して、子どもたちの反応を見ながら、ゆっくりと5ン太くんを回転させます。

百均のしょうゆさしにおそうざいのトレーを切って差し込んで仕切ります

ホラ、いくつあるかな？

5 ― 0
4 ― 1
3 ― 2

ゆっくり回すのには訳があります。「両手取りボックス」で育ててきたイメージ機能が働くのを、うながすためです。子どもによっては素早く、あるいはゆっくり。
その子に合わせて。

ビー玉で5の補数

5ン太くんのつくり方・あそび方

百均の醬油さしにお惣菜のトレイを切って、差し込みます。仕切りは容器の高さまで。

中にビー玉を5個入れて軽く振れば、ビー玉はふたの半球部分から仕切りの反対側へ瞬時に移動。当てっこして楽しみましょう。

●底にも何かクッション材を入れましょう。音が緩和されます。

♥ エピソード

「できない」にもいろいろある

この5ン太くん、転校してきたばかりのAちゃんは、全く答えられなくて悲しい顔になりました。それで、ふたを開けてAちゃんの手のひらにビー玉を移しました。

「いくつ？」と、もう片方の手のひらにビー玉を移しながら問いかけます。場面分けを黒板に整理すると、上に書いたように、たった3通りしかないことがわかります。ビー玉を戻してから改めて問いかけると、答えが返ってくるようになりました。

幾通りもあるんだと思って、頭が真っ白になって思考が動かなかったのでしょう。

「なあんだ、3通りしかないんだ」と安心できれば、心のバリアーが消えて、考えるゆとりが生まれたのだと思います。

ハイタッチが生み出す不思議

「やったね！」という時、ハイタッチをすると、ぱっと子どもの表情が変わります。心が動くのです。魔法のように、あたたかいもの、熱い気持ちが行きかいます。"やってよかった""次もできるかも"。そんな喜びや勇気が湧いてきます。これ、気のせいじゃなかったんですね。

ハイタッチをすると、「オキシトシン」というホルモンが分泌されることがわかっています。このオキシトシンは、「幸せホルモン」とも呼ばれています。

差し出した手のひらに、どう応えてくるでしょうか。心地よくパチンとくるか、そっと手を合わせてくるか、あるいは指先でためらいがちに触れてくるか。

そんな温かいやりとりを幾度となく、繰り返しながら、学習のひとコマひとコマが、心の栄養になっていきます。

りんごカード
裏返しの山から1枚ずつめくっては、並べている。よくわからない大きい数のカードははねている。横の列のタイルカードと数字カードが交差していることに気づき、並べ替えている。

5までの数に、ここまでページを割いてきたのは、5までの数がこの先の"土台"になるからです。毎日の算数の授業のはじめに10分ほど、りんごカードや両手取りボックス、ペンギンジャンプ、醤油さし、5の補数取りゲームなどを入れてみませんか。
授業に弾みがついて、新しい学習への集中度も上がってきます。

⑤ 5の補数取りゲーム

タイル取り

あそび方

① グループをつくる。4人なら2人チームが2つ。5人なら2人と3人チーム。

② ジャンケンで順番を決め、サイコロを振る。
　たとえば上のイラストなら、「5は1と4」と声に出していい、タイルを4個取る。

③ 前の人がタイルを取るのを確かめてから、次の人がサイコロを振る。

④ 5が出た時は、「5は5と0」といって、0このタイルを箱から"取るふり"をする（操作の0）。

⑤ 取ったタイルは、数が確かめやすいように、工夫して整頓する。
　整頓が苦手な場合、待ってあげるもよし、ゆっくり考える時間を保障したい子であれば、必ずしも順番にこだわらず、その子のペースでやるのもいい。

⑥ 箱が空になったらゲーム終了。
　学習の進み具合やゲームにかける時間は、箱のタイルの総数で調整できる。

⑦ 勝ち負け（数の大小）を確認する。

●算数をやりながら、友だちとの関わり方や人と交わる楽しさ、ルールを守ろうとする気持ちなど、たくさん学んで欲しいことが期待できます。

学ぶ姿勢

　「誰が一番かなあ……」「どうやったらわかる？」「え、どういうこと？」「だってぇ？」と問いかけて、比べるアイデアや子どもの説明を引き出しましょう。子どもの提案で、へびのように一列に並べて比べるアイデアが出たらおもしろい。5でまとめる・10でまとめる子もいるでしょうし。まとめ方も、山にする・積み重ねる・5を2列くっつけて5と5で10にするなど、みんなのアイデアに自由な意見交換が生まれるといいですね。数えようとするけど慣れなくて、何度も何度も数え直す子もいるでしょう。苦労して考えた体験が、受け身ではない学ぶ姿勢に、きっと生きてきます。

Column コラム　なぜ、10ではなくて5までなの？

教科書のように10までで一括りとしないのには訳があります。

理由①　「10」は、二桁の数だから

位取りを教えずに「9の次が10」だと教えると、「10」が一文字だと勘違いしてしまいます。だから「11」を「101（じゅういち）」と書く子が出てくるのです。

5までの数で一括りとし、⇒9までの数⇒10と位取り……の順で、教えましょう。

理由②　「4の壁」を、丁寧に越えさせたいから

「4の壁」は、なにも発達に遅れがある子に限った話ではありません。ローマ数字で「4、5、6」を「Ⅳ、Ⅴ、Ⅵ」と書くのは、パッと見て捉えやすいと思いませんか。人類が、永い時をかけて獲得してきた数認識を思えば、ここは丁寧にたどりたいです。

パッと見てわかるのは3まで（Ⅰ、Ⅱ、Ⅲ）です。4を理解するのには、多くの操作体験と時間を要します。その後に「5」を学習し、「5」を固まりと見て「5に1足りないのが4」「5より1大きいのが6」と捉える。財布の小銭がじゃらじゃらあったら困ります。5円玉・50円玉・500円玉があればスッキリします。ポケットからだって、手探りで出しやすいはずです。

つまり、6〜9までの数を理解するのも、1〜4が要になっているのです。9までの数をバラのまま学習を押し進めると、子どもたちは毎回毎回数えるか、指に頼るしかありません。

理由③　学ぶべき本質を豊かに学ばせたいから

一気に10までやってしまうと、授業はマンネリ化したつまらないものになってしまいがちです。5までで区切って、イメージ豊かにたし算・ひき算の世界に導いていきたい。たし算の場面・ひき算の場面理解は大切です。計算についても、ただ単に答えが出せるかどうかではなく、どうしてそうなるのか、考えたり説明することだって、教具があれば可能です。答えを急ぐより"考える楽しさ"を体験させたいものです。

エピソード

13ページで紹介したN君は、「4−0＝？」と、一生懸命考えているようでした。頭の中にブロックの映像を映し出し、手で"ポイ"と捨てる仕草をし、「わかった！」と叫びました。「あのね、あのね、4ひく0はね、4あるでしょ、そんで0をポイするでしょ、そしたら答えは、4のまんま」その笑顔は輝いていて、自分で考えてわかるってことが、どんなに素敵なことか、しみじみ考えさせられました。

（3 5までのたし算 ）

♪歌うように　唱えるように

ひだり手ェに2くるるん

右手ェに1くるるん

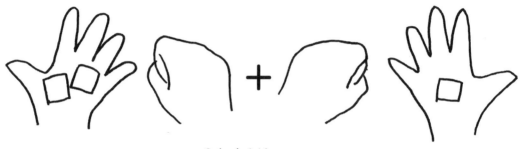

2たす1は

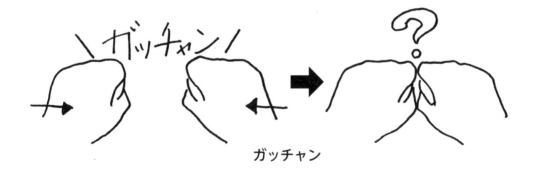

ガッチャン

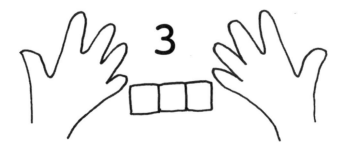

♣ 言葉の壁を越え、考える力を育てる

　知的発達に加え、言葉の発達に遅れがある場合、たし算・ひき算といった言葉を、意味を伴って獲得することは難しい、と悩みました。「何算かな？」と問われても、何を求められているのかを理解するところから困難なわけです。だから教具を使います。

　また、わかる言葉が限られているから、響きのよい「ガッチャン」「ポイ」「ヒュー、ヘーンシン」といった動きをイメージさせる唱えが、とても有効だということもわかってきました。

　たし算やひき算のお話を語り、ブロックのくるるんたちを動かして展開していきます。物語を「数式」に翻訳しながら進めるというわけです。

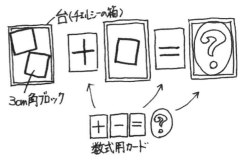

1

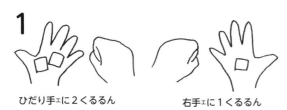

ひだり手ェに2くるるん　　　右手ェに1くるるん

と唱えながら、数式用の台を置き、

5までのたし算、数式へ

2

2たす1は

ブロックを2個、1個、と台の上に載せていきます。

3　ガッチャン！

ガッチャン

「ガッチャーン」で「＋」カードを出して、「＝」と3つ目の台とその上に「？」カードを置きます。

　子どもの表情を見ながら、ガッチャンしたブロックが見えないように「？」の上まで持っていって、おもむろに＊手を開いてブロックを見せます。

＊子どもが頭にブロックの映像を描くのを待っています。

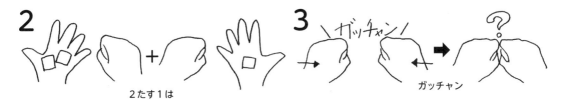

2 + 1 = □

　箱には、ラミネートした色画用紙を両面テープで貼ってあるので、ホワイトボードマーカーで数字を書いたり消したりできます。（消すのはメラミンスポンジが便利）

教具の命は、動かせること

　ブロックやカードを、子どもたちが選んだり並べたり、並べ替えたり操作できることが、教具の命です。教具を動かすことは、「思考」を動かすということに他ならない。知的な発達に遅れがあって、考えることが難しくても、教具があれば考える力を育てることができるのです。

♣ ５までのたし算で筆算を

物語の世界では、筆算の指導はとても自然に受け入れられます。

空き箱を３個重ねて、マンションをつくりましょう。

わたしは立方体の１リットル升（透明）３個と３cm角ブロックを使っています。(写真)

百均で透明なボックスを見つけて重ねるという手もあります。これで筆算のイメージが容易に創れます。

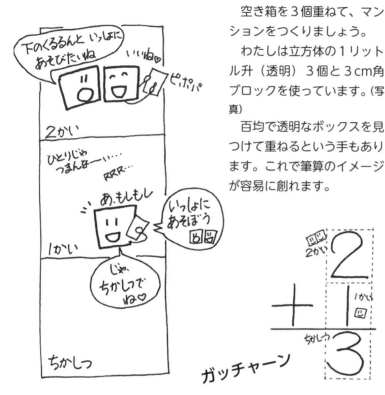

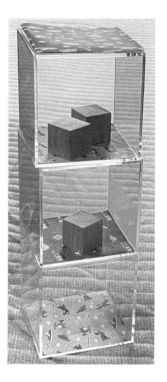

マンションで筆算

マンションで筆算を指導しておくと、この先「10」の指導や二桁の数、繰り上がり・繰り下がりの学習で、位取りがすんなりと理解できていきます。

子どものノートや学習プリントで、３つの数が縦一列に並んでいない時は、「きをつけ、まえー、ならえ！」と号令をかけると、きれいに書き直してくれます。

●５までのたし算で、「□＋０」や「０＋□」、「０＋０」も指導します。

ポイント

「♪左手に〜」と唱えて操作する時、同時に左右の手の中を見せないこと。答えが見えないから考えるのだし、考えることが楽しいのです。

先生と子どもでやっても楽しい。だけど、お友だちと問題の出しあいっこをすると、もっと楽しいし、学習が進みます。問題をつくるほうが、答えるよりよっぽど難しいのですから。それでも出してみたい。そう思わせる力が、物語にはあると思うのです。

1枚紙芝居 「3＋2の物語」

「さんすうしぃ！！」を検索。授業プラン・教具・特設　倉澤明子
「1枚紙芝居」をダウンロードしましょう。

1枚紙芝居をつくろう

場面1

「やあ2くるるん、おはよう。いっしょにあそぼう」
「ところでぼくたち、なんくるるん？」

場面2

「教えてあげるよ」

場面3

「えいっ！」「へ～んしん5」
「きみの名前は、ごろろんだよ」

4種類の1枚紙芝居が次のページの状態で入っています。（写真は完成品）

1枚紙芝居「3＋2の物語」をつくろう

横長の、たった1枚の画用紙を、開いたり、閉じたり、
裏返したりして、算数の物語が展開します。

紙芝居のつくり方

写真は、①〜④の4種類の紙芝居です。

両面印刷したら、上下を切り離し、右ページのように観音開
きになるように折ったらでき上がりです。

① 3＋2の物語（上）　② 6＋3　とうめいマント（下）　左が表、右が裏

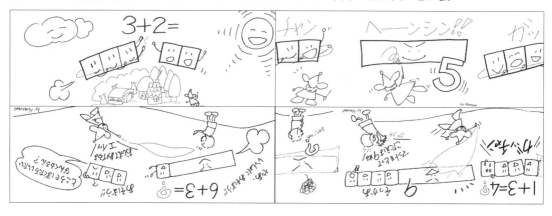

③ 4＋3　花いちもんめ（上）　④ 9−8　へらないひき算（求差）（下）左が表、右が裏

（②、③、④の紙芝居については、p56②、p58③、p78④で説明します）

折りたたみ方

これが「3＋2の物語」の1の場面。

左右両サイドを中央で合うように観音開きに折りたたむと、「ガッチャン」の2の場面になり、

裏返すと「ヘーンシン」の3の場面になる。

5までの たしざん

なまえ _____

①
$$\begin{array}{r} 1 \\ +2 \\ \hline \end{array}$$

②
$$\begin{array}{r} 3 \\ +2 \\ \hline \end{array}$$

③
$$\begin{array}{r} 2 \\ +2 \\ \hline \end{array}$$

④
$$\begin{array}{r} 0 \\ +5 \\ \hline \end{array}$$

⑤
$$\begin{array}{r} 2 \\ +1 \\ \hline \end{array}$$

⑥
$$\begin{array}{r} 3 \\ +0 \\ \hline \end{array}$$

⑦
$$\begin{array}{r} 4 \\ +0 \\ \hline \end{array}$$

⑧
$$\begin{array}{r} 1 \\ +4 \\ \hline \end{array}$$

⑨
$$\begin{array}{r} 0 \\ +0 \\ \hline \end{array}$$

⑩
$$\begin{array}{r} 3 \\ +1 \\ \hline \end{array}$$

5までの たしざんと かたぐるま　なまえ

①
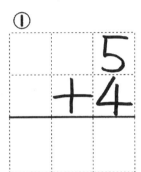
$5 + 4$

②
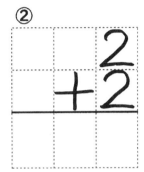
$2 + 2$

③

$2 + 5$

④

$1 + 3$

⑤
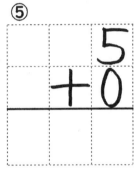
$5 + 0$

⑥

$4 + 1$

⑦

$3 + 2$

⑧

$4 + 5$

⑨

$2 + 3$

⑩
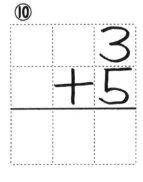
$3 + 5$

（4 ５までのひき算）

（1）ひき算が苦手な子どもたち

　子どもたちがひき算が苦手なのには、訳があります。たし算の場合は、たされる数・たす数の、どちらにも実態があります。

　「２＋１」であれば、２も１もブロックで出して考えることができ、「ガッチャン」と合わせるイメージも、つかみやすいです。

　でもひき算の場合は、ブロックをどう出せばいいのでしょう。「－２」がつかめないから、子どもたちは「４－２」の４も２もブロックで出して、訳がわからなくなってしまうのです。

　そこで、「－２」をカエルで表せば、スッキリ解決します。カエルの数だけ引き去るので、ひき算場面（イメージ）がはっきりするだけでなく、計算の仕組みまでが、つかみやすくなります。

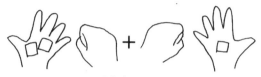

2たす1は

4-2
そこにいるのはわかっているぞ!!
はやく・はやく
かくれて!!
4

数式は世界共通語

　紙芝居「王さまの命令　その１」では、王さまの指令が

　「４－２」

　という数式で示されています。

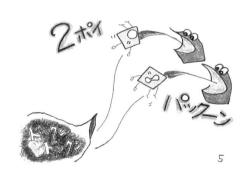

2ポイ
パックーン
5

　「王さまって、なにいってるんか、ぜんぜんわからんじゃん！」

　「ほんとだぁ。あれ、でも『４－２』っていってるよ」

　知らない国の言葉でも、数式は世界中の人々がわかる「世界共通のもの」と、とらえられれば、子どもたちが自分たちの考え方や場面の説明として、数式で表すことを大切にできるのではないか。ここにはそんな思いを込めています。

王さまの命令 その1
作 KURASAWA
××△△□%□
□▽△××
4-2
××△△!
□▽△
××○××

紙芝居「王さまの命令 その1」

「　」は、先生の問いかけ、[　]は、子どもの反応の例

1

[王さま、おこってるね]
「ほんとだ。なんでかな」
[なんか、カエルがいやそうな顔してるよ]
[なにいってるのか、ことばがわからんよ]
[日本語じゃぁないんだね]
[ヘンテコ語？]
[でも、わかるところがあるよ、ほら、4－2。ひきざんみたい]

2

ことばがわからないから、わかることばにしてみよう。
「ぼくたち、なかよし4くるるん♥」
「しゅっぱーつ。イエーイ♥」
「え〜い、くるるんどもめ、またあんなになかよくしてるぞ」
「カエルたちよ、2くるるんさらってまいれ！」
[なかよくしたっていいじゃん！　ね]

3

「おいっ！　おまえたち、王さまの命令だ。さらっていくからな」
「わあっ!!　たいへんだ！　かくれよう！」
[かくれるって、もう、見つかってるよねぇ]
[カエル、2ひき来たね]
[2くるるん、さらってこいっていったからね]
[それでカエルが2ひきってこと？]

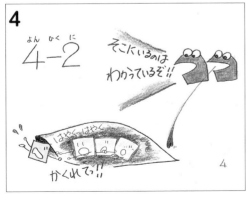

4

「かくれてっ!!」
「そこにいるのは、わかっているぞ！」
[やっぱり見つかってるじゃん]
[4－2だって]
[見て！　カエルのベロがのびてるよ！]

5

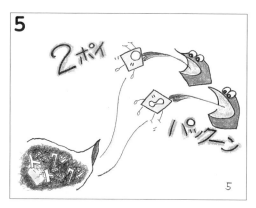

5

「２ポイ、パックーン」
［わあっ、やられた！］
［食べられちゃうの？］
［カエルのベロ、めっちゃきょうりょくだね］
［すごすぎる！］
［かくれてるくるるん、きっとこわいよねぇ］

6

6

「あばよっ！」
［わぁ！　つれていかれちゃったよ］
［たすけてって、声がするよ］
［のこってるくるるんがいたよねぇ］
［はじめになんくるるんいたっけ？］
［４くるるんだよ。あそこを見たらわかる］
「あそこって？」
［ほら、あそこに４－２って書いてある］
「え？　どういうこと？」

7

7

「あ～ぁ、つれていかれちゃったね」
［王さまって、こどもみたいだね。あっちむいてホイ、してるよ］
［くるるんたち、あそびあいてをさせられてるんだ］
「さっき、４－２って書いてあるからわかるっていったよね。どういうこと？」
［んー……］
「くるるんとカエル出してみようか」
［え？　やるやる］

　「え？　どういうこと？」という問い返しは、とても有効です。できるだけ教師の説明は避け、子ども同士で考えさせたいです。
　特別支援学級の子どもたちでも、こういう具体的な場面では、考え方を共有し合うことが可能になります。操作をともなう場面なら、なおさらチャンスです。
　紙芝居の後には、必ずブロックとカエルで再現の操作活動を組みましょう。子どもたちにとっては楽しいごっこあそびです。プリントでの学習だったらあり得ない学習量が、操作活動ではできるから不思議。
　数式カード・カエル・ブロック・隠れるためのハンカチを用意して、再現のごっこあそびをやってみましょう。

（2）「王さまの命令」物語を楽しもう

「さんすうしぃ!!」を検索し、紙芝居「王さまの命令　その1」をダウンロードして
両面短編綴じで印刷しましょう。

「3-2」の物語

用意するもの
・カエル／4匹
・2〜3cm角ブロック／5個
　（「両手取りボックス」で使ったもの）
・数式カード
・レースのハンカチ（すけて見える布か、半透明なレジ袋を
　切ったもの。くるるんたちが隠れるのに使う）

5-1、	5-2、	5-3、	5-4、	5-5
4-1、	4-2、	4-3、	4-4	
3-1、	3-2、	3-3		
2-1、	2-2			
1-1				

カードを見て、いろいろなひき算ごっこをしよう

「4-2」以外でも、数式を見て、「ひき
算ごっこ」をしよう。
・カエルとブロックを準備する役
・お話をしながらカエルを動かす役
・お話をしながらブロックを動かす役

役を交代したり、数式を替えたりして、たくさん楽しみましょう。

　　　レースのハンカチを使うのは、ハンカチの中で何が起きているかを想像でき
ない子どもがいるからです。お話を楽しんでいくうちに、すけて見えなくても、
ちゃんと想像できるようになっていきます。

（3）ひき算はカエルでスッキリ！

（牛乳パックでカエルをつくろう）

カエルの登場で、ひき算が理解できて計算の仕組みもわかる。

カエルのつくり方

① 給食の牛乳パック上部ののりづけをはがして口を開け、洗って乾かしておく。（4個）

② 下から3.2cmのところで、3面をコの字型に切り、正面の縦線で観音開きに切り開く。

③ 観音開きに開いた腕を、Aの折線から1cmくらい外の線Bにそって三角にたたみ、谷折りの線Cをしっかりつける。もう一方の腕も同様に折って谷折り線をつける。

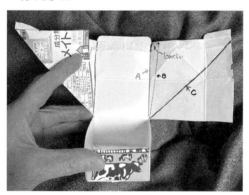

④ 先の③の谷折り線と、元々パック上部の三角部分についていた山折り線で、ぺしゃんこになるようにたたみ、はみ出た部分をハサミで切り落とす。

⑤ これを型紙にして、あと3個つくる。
切り取ったものに、ペンでカエルの目を2個描いて切り取る。（大きすぎるくらいが可愛い）

⑥ 目は、パックを開いた状態でホチキスで
とめる。

⑦ 形を整えて、重ね合わせた部分をホチキス
で2か所とめる。4個つくったらでき上がり。

種類の違う牛乳パックでもつくることができる

① パックの中央をコの字型に切り、
正面の縦線を2か所切る。
② 点線部分の三角を山折りに折り、
ホチキスを押し込んで目をとめる。
③ 折り目のついた三角部分とパック
の前面とを重ねてホチキスでとめる。
これで完成。こちらは、強度は弱い
が簡単につくれる。

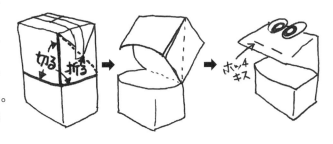

カエルのはたらき

カエルの登場によって子どもたちは、

○ごっこあそびの世界で、楽しくひき算が学べる。……「おい、王さまの命令だ、さらっていくからな」

○ひき算の場面を具体的なイメージでとらえることができる。……「2ポイ、パックーン。あばよ」

○操作で再現、認識を深めることができる。……紙芝居や数式を見て、教具で再現

○型分けごとの計算過程（アルゴリズム）を把握しやすくなる。……「－2」はカエルが2匹登場

「手は吐出した脳だ」といわれるようです。考える
場面になると、眠くなったり、椅子からずり落ちたり。
知的な発達が未熟な子は、考えることが困難な状態に
あるように感じます。脳を遠隔操作するのが難しいん
だと思います。だったら直接、脳をわしづかみにして
動かせばいい。といえば変かもしれませんが、カエル
やブロックをつかんで動かすのです。

その時、視覚ばかりでなく、触覚や、聴覚・固有覚
などが働きます。するとそれらの刺激が、脳の各分野に伝わります。脳の各部をループでつなげて
使うのです。操作活動は楽しいので、扁桃体や扁桃体のすぐ近くにある海馬にも影響を与えること
ができるのではないか、と考えます。

「かしこさは、つくりだせる」……これがわたしの実感です。

（4）5をつかむ　5をかたまりでとらえる

「さんすうしぃ!!」を検索して、紙芝居「きょうはピクニック」をダウンロード。両面短編綴じで印刷しましょう。

　5をかたまりでとらえることは容易とはいえません。ですが、この力を獲得すると、学習の展望がぐっとひらけていきます。

　容易とはいえない学習なので、インパクトのあるお話をもってくることにしています。「5のカンヅメ」が大好きになれば成功です。

　11ページでつくったゴム板磁石のタイル、バラタイルと「5のカンヅメ」を準備してください。

　うさこちゃんたちを連れ去った怪獣をくるるんがやっつけて連れ戻す物語。

　でも1くるるんではかないません。劇化（再現）が楽しい。**子どもたちの笑顔が輝くのは、発達要求が生きて動いている証拠です。**

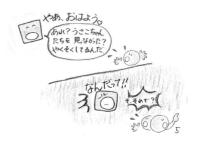

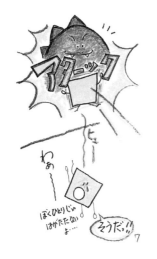

　怪獣をラミネートしたものを黒板に貼り、「くるるーん、アタック！」といってくるるんを怪獣に叩きつけます。怪獣のラミネートの端っこを瞬間的にぺらっとめくると、くるるんが落っこちます。「どうしよう……」と、子どもたちと一緒に途方にくれましょう。

　「なかまをよんだら、いいんじゃないかなぁ」という子どもの意見に従ってみるのがいいかもしれません。

　最後は、なかまを集めて5くるるんで戦います。

　「アタック！　アタック！　アタック！　アタック！　アタック！」と続けざまにアタックしますが、くるるんたちはバラバラと落下してしまいます。子どもたちから落胆のため息がもれます。

5をかたまりでとらえる物語

紙芝居「きょうはピクニック」

「 」は、先生の問いかけ、［ ］は、子どもの反応の例

1

きょうはピクニック。
わあ〜、いいおてんき。おやおや、うさこちゃんたち、
なんだか、うれしそうだね。
［ピクニックに行くんじゃない？］
［おかしを持ってる人もいるよ］
［あれ、つぼのかげにかいじゅうがいるよ］
［あっ、ほんとだ］

2

こっちにやってきたねえ。
［くるるんとやくそくしてるんじゃないかな］
［青いようふくのうさこちゃんが"あれ？"って顔して
るよ］
［あのかいじゅう、あやしいね］
［うさこちゃんがすきみたい］

3

「ガオー！」「キャー！」
「あれっ！　どうしたのかな？」
［かいじゅうがうさこちゃんたちをおそったんだ］
「どういうこと？」
［大きい声でおどかしてる］
［足で、ダン！　って、びっくりさせてる］
［うさこたち、こわがってるよ］

4

［先生、たいへんだよ、さらわれちゃった！］
「どういうこと？」
［だからね、つれていかれちゃうよっ！］
「ほんとだ、たいへん！」
［たすけてー］
［悪いかいじゅう、やっつけてやりたい］
［たすけにいかなきゃ］

5

「やあ、おはよう。あれ？　うさこちゃんたちを見なかった？」
「なんだって！」
「あれあれ、どういうこと？」
[この人、ほら、うさこちゃんたちがさらわれた時に、見とったんよね]
「それで？」
[あっちに　行ったよって]
「ありがとう、いそいで行ってみるよ」

6

「おい！　うさこちゃんたちを　かえせ！」
「やーだね」
「よーし、くるる〜ん……」
「なに、なに？」
[へんしんするのかなあ？]
[1くるるんだから、へんしんはできないよ]
[おこってパワーをためてるんじゃない？]

7

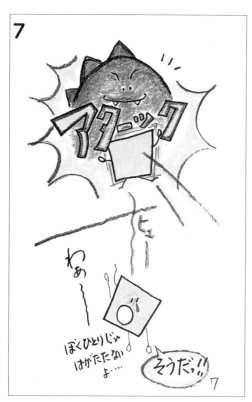

「アタック!!」
ひゅ〜……。
[あ〜、だめだぁ]
[おちちゃってるよ、くるるん]
[負けちゃったみたい]
[1人じゃぁ、はがたたないよ〜]
「って、どういうこと？」
[わかった！　なかまをよんでくるんじゃないかな]

8

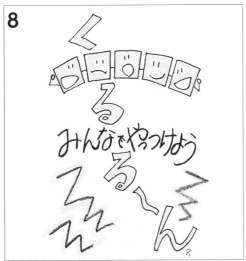

8

「よーし、みんなでやっつけよう！」
「くるる〜ん……」

9

9

「アタック！」
「アタック！」
「アタック！」
「アタック！」
「アターック！」

［だめかもしれない、だって、かいじゅうわらってるよ］

10

10

［あ〜、やっぱりだめだ……］
［くるるんたち、バラバラおっこちちゃってる……］
［かいじゅう、わらってるよ］
［うさこちゃんたちを、たすけられないよ！］
「どうしよう……そうだ！」
「そうだっ……て、どういうこと？」
［わかったよ、へんしんだよ、へんしん！］

11

11

「そうだ、へんしんしよう！」
[ほーら、やっぱりね]
「よくわかったねぇ。じゃあ、みなさんごいっしょに」
[へ〜ん　し〜ん!]

12

12

[ごろろ〜ん、アタ〜ック!!]
[バッチーン!!]

13

13

「どうなったのかな？」
[うさこちゃんたち、たすかったんだね]
[ごろろんに、ピクニックに行こうって、さそってるよ]
[たすけてくれたもんね]
[かいじゅうが、おべんとう持ってきてるよ]
[もう、こわくないのかな？]
[ごめんなさいって、あやまったんじゃないかな]
[よかったね]
おしまい。

（5）5をつかむ　固めた5をくずす物語

「わぁ、へんしん解けちゃったぁ」
　子どもたちと一緒につむぎだす算数の授業。心に残る授業を1つご紹介しましょう。
　その日わたしは、一番計算が不安なKちゃんに焦点を絞って授業をはじめました。

T＝教師　C＝子どもたち　K＝Kちゃん

T　「5－1のものがたり～」
　（数式カードを提示。Kちゃんの筆箱をベッドにして、見えないようにそっとハンカチの布団を
かぶせたごろろんを眠らせる。ハンカチの下は見えない）
T　「そこへ～？」
C　「カエルがやってきた」（数式を見て反応）
C　「1ぴき！」（数式を見て反応）

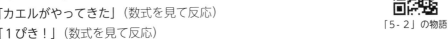

「5-2」の物語

T　「はい、Kちゃん」
　（とカエルを渡す。Kちゃんのカエルは布団の端
をめくってのぞくが、くるるんがいない）
K　「ひけれーん!?」
T　「え？　どういうこと？」
K　「くるるんがおらんけー、王さまにしかられる
んよ」
　（びっくりして他の子らも順番にのぞきにくる）
C　「ごろろんじゃけー、連れていかれんのンよ！」

「5-3のものがたり」でのぞきに来
たカエルたち。

カエル（T）「う……うう……（泣）、王さまにし
かられちゃうよぉ。Sちゃぁん、どうしたらいいの
ぉ？」（と、わたしはKちゃんのカエルを手に持ち、
演技力いっぱいに、カエルをSに泣きつかせてみる）
S　「……なんか、かわいそうじゃねぇ」（完全に感
情移入しているS）
C　「こまったねぇ」
K　「たすけてあげたいね」
（ついこの間まではくるるんが人気だったのに、子
どもたちは一気にチビガエルびいきになるからおも
しろい。感情が動くと知能も動く）
C　「あ、そうじゃ！　なめたらええんじゃない？」

なめに来たカエルたち。

T　「どういうこと？」
　（この展開に驚きつつ、子どもの展開に乗ってみようと、心がわき立つ）
C　「じゃけ、なめたらつばで魔法が解けるんじゃない？」
K　「わかった、ぺろーん」（参った、ぺろーんとは……）
　Kちゃんがカエルを動かしてなめる動作！　すかさず
ごろろん（T）「わあ、へんしん……解けちゃったぁ!!」

くるるんを隠し持っている手をぱっと開くと、5個のくるるんがばらけて出現！（ごろろんはそっと片づける）

K 「つれていけるよ！1ポイ、パックーン。あばよ！」

（わたしは、さりげなく、残っているくるるんを布団に隠し、）

T 「え～！ 残っているのは……、

（スローモーションでハンカチを両手でおおい）

なんくるるん？ さあ、答えを書いて！」

（弾かれたように子どもたちは鉛筆を持ってプリントに向かう。1問ずつ、物語は上記のように展開され、筆算も1問ずつ進む。プリント（写真上）は 「5―□」という同じ型ばかりが10問）

O 「今度はわたしの筆箱をベッドにしてぇ！」

（……8問解いてチャイムが鳴った。「ひまわり算数」*の去り際に……）

C 「楽しかったぁ」

C 「さんすう、だぁいすき」

＊ 「ひまわり算数」は、クラスの枠を超えて同学年児を集めた授業。

5のカンヅメブロックをつくる

6から9へと学習を進めていくために、「5のカンヅメ」ブロックをつくりましょう。ペンギンジャンプ（p49）をするためには、最少でも5本。階段を5と5で10までつくるなら、7本必要になります。

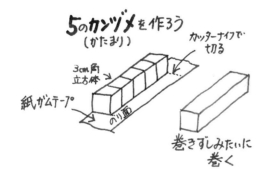

ペンギンにせがまれて奇跡の階段を積むT君。

44

5までの ひきざん

なまえ

①
$$3 - 1$$

②
$$4 - 2$$

③
$$3 - 3$$

④
$$4 - 1$$

⑤
$$3 - 2$$

⑥
$$2 - 1$$

⑦
$$2 - 2$$

⑧
$$4 - 3$$

⑨
$$4 - 0$$

⑩
$$0 - 0$$

5 - □

①
$$\begin{array}{r} 5 \\ -1 \\ \hline \end{array}$$

②
$$\begin{array}{r} 5 \\ -3 \\ \hline \end{array}$$

③
$$\begin{array}{r} 5 \\ -2 \\ \hline \end{array}$$

④
$$\begin{array}{r} 5 \\ -0 \\ \hline \end{array}$$

⑤
$$\begin{array}{r} 5 \\ -5 \\ \hline \end{array}$$

⑥
$$\begin{array}{r} 5 \\ -4 \\ \hline \end{array}$$

⑦
$$\begin{array}{r} 5 \\ -2 \\ \hline \end{array}$$

⑧
$$\begin{array}{r} 5 \\ -1 \\ \hline \end{array}$$

⑨
$$\begin{array}{r} 5 \\ -3 \\ \hline \end{array}$$

⑩
$$\begin{array}{r} 5 \\ -4 \\ \hline \end{array}$$

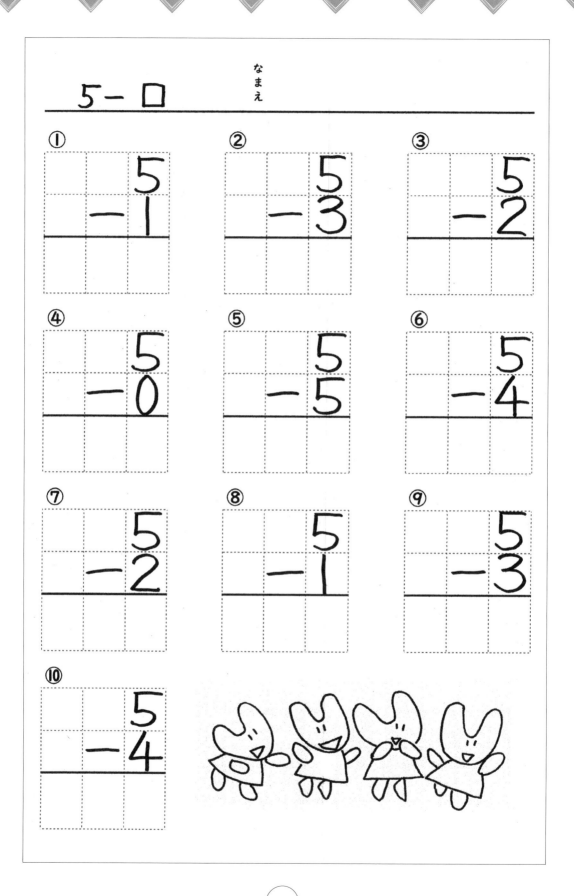

5までの たしざん・ひきざん　なまえ

①
$$
\begin{array}{r} 1 \\ +4 \\ \hline \end{array}
$$

②
$$
\begin{array}{r} 4 \\ -2 \\ \hline \end{array}
$$

③
$$
\begin{array}{r} 2 \\ -1 \\ \hline \end{array}
$$

④
$$
\begin{array}{r} 1 \\ +0 \\ \hline \end{array}
$$

⑤
$$
\begin{array}{r} 0 \\ +3 \\ \hline \end{array}
$$

⑥
$$
\begin{array}{r} 5 \\ -3 \\ \hline \end{array}
$$

⑦
$$
\begin{array}{r} 3 \\ -3 \\ \hline \end{array}
$$

⑧
$$
\begin{array}{r} 4 \\ +1 \\ \hline \end{array}
$$

⑨
$$
\begin{array}{r} 5 \\ -0 \\ \hline \end{array}
$$

⑩
$$
\begin{array}{r} 3 \\ +2 \\ \hline \end{array}
$$

（5 5から9までの数）
「5のカンヅメ」を使って

「5のカンヅメ」を使って、9までの数にステップアップ！

授業のはじめに10分程度、ちょこちょこっとゲームを

　「カンヅメ」というのは、中身が見える"びん詰め"に対して中身が見えない"缶詰"になぞらえたネーミングです。バラを結集させて1つの固まりになったもの。1、2、3……と数えられる「ビンヅメ」に対して区切り目がなく1、2、3……と数えられない固まりのことです。

　見て取る時と違って、触覚だけで「バラ5」を取るのは大変です。それに対して「5のカンヅメ」は、一瞬で取ることができます。

　さあ、9までの数に認知を引き上げましょう！

① 両手取りボックス〜その3〜

見て取る　　　ブラインドで取る

まずはボックスなしでブロック取りをしましょう。

5は、5と0
6は、5と1
7は、5と2
8は、5と3
9は、5と4

　できそうだったら、ボックスを使ってやってみましょう。ボックスは、視覚をさえぎる役目。触覚を頼りに頭に映像（イメージ・想像）をつくらせようとする道具です。

　実際にやってみるとわかるのですが、「5のカンヅメ」を取るほうの手には、ほとんど意識が働いていません。意識はバラを取るほうに集中的に向けられるのです。

エピソード

　以前、「算数がどうしようもないほどにできなくて困っている」という5年生の子を託されたことがありました。夏休みの3日間、1日に1時間ずつのサマースクールで授業することになりました。

　9までの数が把握できていなくて、最初はとまどっていましたが、5ン太くんと両手取りボックスを使った学習で急激に数認識が育っていきました。すると、9までのたし算・ひき算が、楽にできるようになりました。驚きでした。

　口の小さなびんでは雨水が貯められないように、学びの口が小さい子どもや口が横に向いている子どもたちには、ピンポイントに水を注がなくては、水は入りません。でも、口は小さくとも、学びのびんの容積は案外と大きかったりするのです。学ぶ楽しさがわかってくると、目をきらきらさせて、自ら学ぼうと、学びの口を広げてきます。

②　りんごカード　0〜9までのカードを使って

● 「3ならべ」 は、「5ならべ」 に。

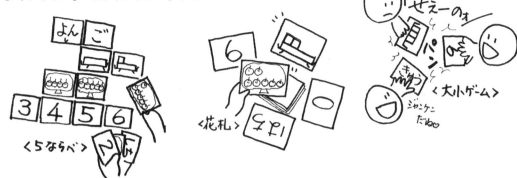

③　ペンギンジャンプ （p44のイラストも参照）

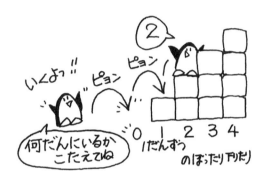

エピソード

「ねえT君、もっと高く積んでおくれよ」とペンギンにせがまれて、ある日T君は初めて数の階段を積むことにチャレンジしました。周りの子どもたちが食い入るように見つめています。いつのまにか、奥の席で別の授業をしていたはずの高学年の子らが、驚きと感動の眼差しで見つめていました。発達スイッチ"オン"ピカンと、この日から学びのランプが点灯しました。発達スイッチの存在に気づいたら、子どもはもちろんのこと、教師としての人生も変わってきます。

（6 9までのたし算）

紙芝居「くるるんたちのくらし」は「さんすうしぃ!!」で検索。

（1）"もてもてごろろん"のかたぐるま（5＋1型）

まずは紙芝居を楽しみましょう。その後で、紙芝居
の中身を、王さまのパクパク人形とカエルとブロック
を使い、声に出しながら操作活動をしましょう。

紙芝居「くるるんたちのくらし」

「　」は、先生の問いかけ、
[　]は、子どもの反応の例

1

「あ、ごろろんだ。なにいってるのかな？」
[マイク持ってる]
[くるるんテレビって書いてあるよ]
[ほんまじゃ。カエルがなんかゆびさしてるね]
[ぼく、わかるよ。王さま、ごろろんですよっていって
るんだと思う]
「すごいね。じゃあ、王さまは？」
[おぉ、ごろろんじゃなぁって]

2

[ぼくもわかるよ。くるるんがね、ごろろーんってよん
でるんよ]
「なるほどねえ、それで？」
[ごろろんが歌うたってたけど、ふりむいた]
[王さまとカエルは、なんでテレビでくるるんたちを見
てるのかなぁ……]
[王さま、1くるるんが来ましたよ。って、カエルがい
ってる]
[おぉ、1くるるんじゃなぁ]
「きみたち、天才だねえ。まるでカエル語がわかるみたい」

3

[ごろろんとくるるんがね、ごろろーん、かたぐるまし
てぇ。いいよぉって、いってる]
[5たす1?]
[カエルも5たす1っていってるのかなぁ？]
[でも、たすマークじゃぁないよねぇ？]
[なんでたし算なん？]
[かたぐるまするからかな？]
[カエルのは、？マークがついとるよね]
[王さまに教えてもらってるのかな？]
[え〜、学校みたいだね]

4

[かたぐるま。イェーイ。だって。楽しそうだね]
[カエルたちよ、よく見てごらん。5たす1は、6だ]
「その下にもなんかいってるみたいだけど?」
[それはね、くるるんがうれしそうだねって、いってるんじゃない?]
[ごろろん たす 1くるるんは、6って、カエルがいってる。たぶん]
[ちがうよ。ごろろん たす 1くるるんは、1かたぐるまっていってるんじゃないかな?]
「カエルたちと王さまは、いってることがちょっとちがうのかな?」
[そうかも]
[カエルたち、ちゃんと勉強してるね]

5

次の日。
[ごろろんが走ってきたよ]
[くるるんは、待ってたのかなあ?]
[王さま、ごろろんが来ました]
[あぁ、1と5じゃなぁ]

6

[くるるんは、またかたぐるましてもらうんだね]
[カエルが、ごろろん たす 1は、1かたぐるまですよねって、いってるのかな?]
[うん。でも、王さまは1+5だぞっていってる?]
[王さまは、ちがうんだ!って、立ち上がったのかもよ]
「え? 「1+5」と「5+1」は、同じじゃないの?」
[え〜と、きのうもくるるんとごろろんはかたぐるましたよね? ちょっと前のところをもう1回見せて……ほら、ちょっとお話がちがうんだ]
「へぇー! おどろいた。式がちがうのは、お話がちがうからなのかぁ」

7

[みてごらん。1+5=6だよ]
[1くるるん たす ごろろんは、1かたぐるまですね]
「すごい語学力だね。1+5=6の下は?」
[あれはねぇ、くるるんもごろろんもうれしそうだな。っていってる]
「きみたち、天才だね!」

8

また　次の日。

[ごろろんです]

[王さま、3くるるんが走って来ましたよ]

[たし算だな]

[なんか、かたむいてるよ]

[ちがうよ、カエルがテレビをたて向きにしているみたい]

[なんで？]

[かたぐるましたら、せが高くなるからじゃないかなぁ]

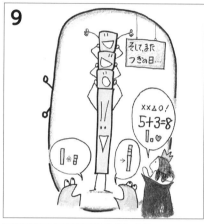

9

[ごろろん たす 3くるるんですね]

[たしたら8くるるんですね]

[見てごらん。5＋3＝8だよ。ごろろんもくるるんもうれしそうだな]

そしてまた　次の日……。

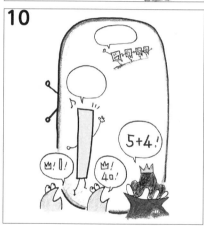

10

今日もごろろんがいるね。

[王さま、ごろろんですよ]

[おはよう、くるるーん]

[ごーろろーん、かたぐるましてぇ。っていってる]

[王さま、4くるるんも来ましたよ]

[5＋4じゃな]

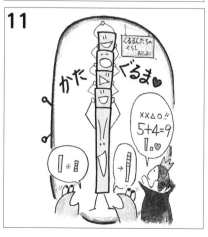

11

[ごろろん たす 4くるるんですね。って、目がとびだしてるよっ！]

[こたえは、4かたぐるまの9。ほんとじゃ！]

[カエルたち見てごらん。5＋4＝9だ。ごろろんもくるるんたちも、うれしそうだな]

くるるんたちのくらし、おしまい。

　王さまとカエルたちの言葉がヘンテコでわからないので、子どもたちに考えて
もらいましょう。
　授業にストーリーと唱えが入ると、子どもたちはパッと顔を輝かせます。課題
を解くことが楽しくなります。学ばせたい内容が印象的に浸透していきます。不
思議なくらいに。

　紙芝居の次は「5＋1のものがたり」から再現してみましょう。ごろろん役と
くるるん役で。唱えは歯切れよく、リズミカルに！

| 5＋1 | 5＋2 | 5＋3 | 5＋4 |
| 1＋5 | 2＋5 | 3＋5 | 4＋5 |

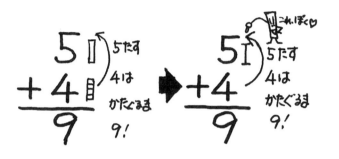
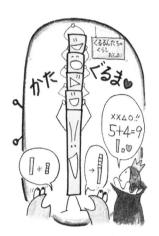

肩車

　「5たす4は、♪かたぐるま♪　9」　と、筆算をする時も、
リズミカルに唱えて、たくさんやっていきましょう。子どもの
手と思考が滞ったら、
　ごろろんとくるるんを手に「♪かたぐるま」と、ひと言。

　すでにお気づきのここと思いますが、ごっこあそびの世界で進める算
数の授業には、算数以外のさまざまな学びが含まれています。
　中でも、「頭の中に映像を浮かべ考える」という機能を獲得することは、
生活全般にわたり極めて重要です。
　紙芝居や再現という劇化を楽しみながら、先生や友だちとの間に共感
関係が育っていきます。
　ゲームを通してコミュニケーション力もつきます。
　1人学級の場合は授業が煮詰まりがちですよね。わたしはぬいぐるみ
を用意して楽しさを広げます。わたしの場合、おばけのアッチ・ウサギ
のニンちゃんを入れて4人でゲームをしたりします。アッチはF君がお
世話をし、ニンちゃんはわたしがお世話します。
　「次はニンちゃんの番だよ」「アッチ、やったね」などと会話しつつや
っています。

計算の苦悩から 救い出したい

「毎日、計算問題を繰り返し繰り返しやったんです。でも、できるようにはならなくて……」

自信がなくて、すぐ涙が出るYちゃんのお父さんは、こう話してくれました。目に見えるのは数字だけだったので、計算のやり方をパターンとして覚え、しのいできたようでした。

イメージがもてないままでは苦しいばかり。だから、くるるんや王さま人形を使って、ごっこあそびの世界で計算もクリアーしましょう。

【王さま劇場をつくろう】

用意するもの
・ブロック　　・カエル　　・王さまパクパク人形 ・テレビ（紙芝居の枠か、それに代わるもの）

テレビは空き箱でつくってみました。

ガムテープでとめて立つようにすれば、箱じゃなくてもいいです。

王さまパクパク人形のつくり方

①② 小さい紙コップを縦に切って割り、上下に開く。

③ 絵を描く。

④ 頭部の余白部分を切り取る。持ちやすいように、つまみをつける。

①
②
③
④

つまみのつくり方
つまみは、厚紙（牛乳パック）の切れ端をクルクル巻いたものを芯にしている。

① 2〜3cm幅、長さ10cmくらいの厚紙を2枚切って、1枚はクルクル巻いて芯材にする。

もう1枚は角を丸く切り落とす。その中央に芯材を挟んで畳み、ホチキスでとめる。

②〜④ 両面テープで取りつけて、完成。

①
②
③
④

●次ページからの学習プリントで、チューリップマークのプリントは新しい型を学習する際に使ってください。

54

かたぐるま　なまえ

$$\begin{array}{r} 5 \\ + 1 \\ \hline 6 \end{array}$$

5たす1は
かたぐるま！
6

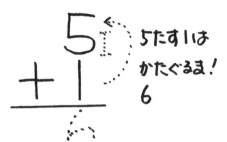

いいよ♡　ごろろーん
かたぐるま
してー♡

① $\begin{array}{r} 5 \\ +3 \\ \hline \end{array}$　② $\begin{array}{r} 5 \\ +2 \\ \hline \end{array}$

③ $\begin{array}{r} 1 \\ +5 \\ \hline \end{array}$　④ $\begin{array}{r} 2 \\ +5 \\ \hline \end{array}$　⑤ $\begin{array}{r} 5 \\ +4 \\ \hline \end{array}$

⑥ $\begin{array}{r} 4 \\ +5 \\ \hline \end{array}$　⑦ $\begin{array}{r} 5 \\ +0 \\ \hline \end{array}$　⑧ $\begin{array}{r} 3 \\ +5 \\ \hline \end{array}$

（2）とうめいマント型（6＋3型）

スーパーの半透明なレジ袋を切って、"とうめいマント"をつくり、ブロックで演じましょう。

紙芝居

ブロック

ひっ算

「6＋3のものがたり〜」
「やぁ、いっしょにあそぼう」
「あそぼう、あそぼう。ところでぼくたち、いったいなんくるるん？」
「あ、ぺぺだ。魔法使いの子のぺぺだよ」
「おしえてあげるよ！　とうめいマントだ、えいっ！」

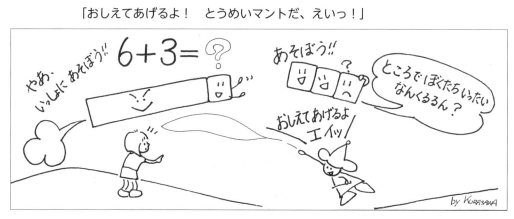

「1たす3は　ガッチャン4……あれぇ、おかしいなあ」

「ちがうよ！　マントをとって……」
「わかった！　4かたぐるまの9ね」

「6たす3のものがたり〜。6は1かたぐるま」

ごろろんとくるるん1を、左のように書き表します。
　「とうめいマントだ、えい！」と指でごろろん（Ⅰマーク）を隠します。
　すると紙芝居のように「1＋3」　となり、5までのたし算になって、くるるんの数がかんたんにわかるようになります。
　「1たす3は、ガッチャン4」　指をゆっくりと外しながら、「マントをとって、答えは4かたぐるまの9」

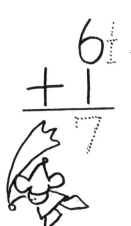 とうめいマント　なまえ

とうめいマントだ　エイッ！

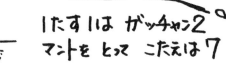

$$\begin{array}{r} 6 \\ +1 \\ \hline 7 \end{array}$$

１たす１は　ガッチャン２
マントを　とって　こたえは７

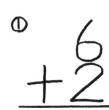

① $\begin{array}{r} 6 \\ +2 \\ \hline \end{array}$　　② $\begin{array}{r} 6 \\ +3 \\ \hline \end{array}$

③ $\begin{array}{r} 7 \\ +2 \\ \hline \end{array}$　　④ $\begin{array}{r} 1 \\ +7 \\ \hline \end{array}$　　⑤ $\begin{array}{r} 8 \\ +1 \\ \hline \end{array}$

⑥ $\begin{array}{r} 3 \\ +6 \\ \hline \end{array}$　　⑦ $\begin{array}{r} 1 \\ +6 \\ \hline \end{array}$　　⑧ $\begin{array}{r} 2 \\ +6 \\ \hline \end{array}$

（3）花いちもんめ型（4＋3型）

 紙芝居   ブロック   ひっ算

「花いちもんめ」の替え歌で、歌に合わせてブロックをトントンさせながら演じましょう。

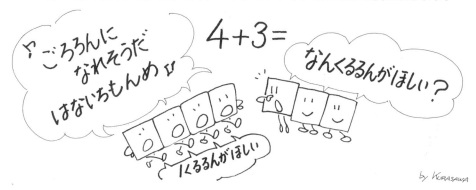

by KURASAWA

♫ 「ごろろんに　なれそーだ、花いちもんめ」
♪ 「なんくるるんが　ほーしい？」
♫ 「1くるるんが　ほーしい」
♪ 「ぼ、ぼく？　ぴゅ～」

●♫は4くるるん、♪は3くるるん

♫ 「わ～い」
喜んでびはねるようにブロックまたは紙芝居を上下させる
♫ 「へ～ん　しん！」
♪ 「わ～い、ピタピタッ！　7」

　筆算でも同様に唱えながら
（4くるるんや3くるるんが　しゃべっているように、それぞれのプリ
ントの数字の上で鉛筆をトントンさせてリズムをとる）

♫ 「ごろろんに　なれそーだ、花いちもんめ」
♪ 　「なんくるるんが　ほーしい？」
♫ 「1くるるんが　ほーしい」
♪ 　「ぼ、ぼく？　ぴゅ～」
（矢印記号を3から4へ書き、移動したくる
るんの1を書き込む）

3から
1ポイ

3から1ポイしたので、
手の中には2くるるん
が残っている。

「へ～ん　しん！」（でごろろんマークをかく）
「わ～い、ピタピタッ」「7」で答えを書く。

58

花いちもんめ　なまえ_____

$\begin{array}{r}2\\+4\\\hline\end{array}$　6

♪なんくるるんが ほしい？

1くるるんが ほい

ピュー、へんしん！ ピタッ♡

こたえは6

① $\begin{array}{r}3\\+3\\\hline\end{array}$　　② $\begin{array}{r}3\\+4\\\hline\end{array}$

③ $\begin{array}{r}4\\+2\\\hline\end{array}$　　④ $\begin{array}{r}4\\+4\\\hline\end{array}$　　⑤ $\begin{array}{r}4\\+3\\\hline\end{array}$

⑥ $\begin{array}{r}2\\+4\\\hline\end{array}$　　⑦ $\begin{array}{r}3\\+3\\\hline\end{array}$　　⑧ $\begin{array}{r}4\\+4\\\hline\end{array}$

1枚紙芝居の使い方　　「とうめいマント」と「花いちもんめ」

「さんすうしぃ！！」を検索。授業プラン・教具・特設　倉澤明子「1枚紙芝居」をダウンロードしましょう。
両面印刷し、上下を切り離し、中央で観音開きになるように折ります。

【とうめいマント】

「やぁ、いっしょにあそぼう」
「あそぼう、あそぼう」
「ところでぼくたち、いったい
なんくるるん？」

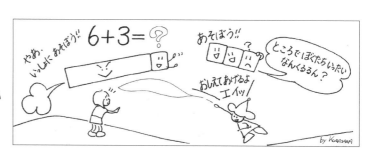

「教えてあげるよ！　えいっ！」(たたむ)
「1たす3は、ガッチャン4……あれぇ、
おかしいなあ」

「ちがうよ！　マントをとって……」(裏返す)
「わかった！　4かたぐるまの9ね」

【花いちもんめ】

「ごろろんに　なれそーだ、花い
ちもんめ」
「なんくるるんが　ほーしい？」
「1くるるんが　ほーしい」
「ぼ、ぼく？　ぴゅ〜」
(たたむ)
「わ〜い」(ゆらす)
「へ〜ん」(裏返す)
「し〜ん」
「わーい、ぼくたちもいくいくぅ」
「ピタピタッ」
「7」

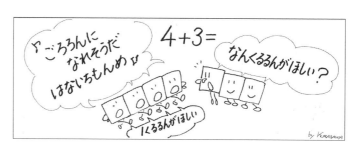

花いちもんめの問題（4＋3型）が一番難しい

【9までのたし算】

① かたぐるま型

② とうめいマント型

③ 花いちもんめ型

　3つの中で、③の花いちもんめ型が一番難しいです。これは繰り上がりのあるたし算につながっていく要素をもっているからではないかと思います。

　（そろばんをイメージしてもらえば、うなずけるんじゃないでしょうか）

　だとすれば、ここで繰り上がりの基礎ともいえる計算の仕組みを体得させられれば、繰り上がりのハードルがぐっと低くなるということです。

計算に苦労している子どもたち

　計算の答えを丸暗記しようと、もがいている子がいませんか？　こんな実話があります。

　お母さんたちの会話です。9までの計算を暗記でしのいできた子どもたち。繰り上がりのたし算に入って、覚えるのが苦しくなってきたようです。

「さすがにもうこれ以上は覚えられないみたいで……」

「うちの子も同じ、同じ」

　記憶の容量が小さい子どもたちには、苦しすぎます。

　計算に、思いのほか時間のかかる子たちもいます。何とか答えは出てくるけれど、計算でエネルギーを使いこんでは新しい学習に回せる余力がとぼしくなります。新しい学習にごっそりエネルギーを使わせたいなぁと思います。そこで、

型分けのすすめ

　計算問題を山ほどさせるのではなく、楽しいストーリー（物語）で型分けができるように進めていきましょう。頭にイメージ（映像）が浮かぶようになれば、型分けができます。型分けができればもう、8割方できたようなものです。これまで紹介してきたこともそうですが、1年生の前半を豊かに学んだ子どもたちは、ただ単に答えが出せるといったようなものではなく、考える力を身につけてきます。だから、学年が上がって打ち止め状態になるのではなく、むしろ可能性がひらけていくのです。

　さあ、はじめましょう。

数式でパッと型分けができるのは、頭の中にブロックの映像が浮かんでいるからです。

ゲーム：型分け名人になろう

用意するもの
・数式カード　　・箱（型分け用）／3個
・型の名前／3枚

あそび方

① 9までのたし算カードをシャッフルして、子どもたちに配ります。3つの型に分けてもらうのです。最初は試しにみんなで。

② 今度は1人ずつ順番にチャレンジしましょう。

ポイント

　数式を見て、数字しか見えなければ分けようがありません。ですが、「じゃあ、ブロックを出してみて」といえば、出せるわけです。ブロックに手を伸ばせば、思考が動き出します。

　再びカードを渡して「何が見えますか？ 3と6の数字のほかに？……ブロックが見えないかな？」というと、「あぁ、見える見える」といいはじめます。

アドバイス

　かたぐるまと、とうめいマントの2つだけの型でやってみるのもいいと思います。

　考えるのが苦手でぼんやりしがちな子どもにカードを渡す時は、ごろろんを差し出して、「ごろろんは　そのカードにいるかなぁ？」と問いかけましょう。ゆっくりとごろろんをその子のもっているカードに近づけると……、教具を使って授業をすれば、具体的な支援がさまざまに繰り出せるようになります。

かたぐるま	とうめいマント	花いちもんめ

5 + 1	8 + 1	4 + 4　　4 + 3
5 + 2	7 + 1　　7 + 2	4 + 2
5 + 3	6 + 1　　6 + 2	3 + 3
5 + 4	6 + 3	

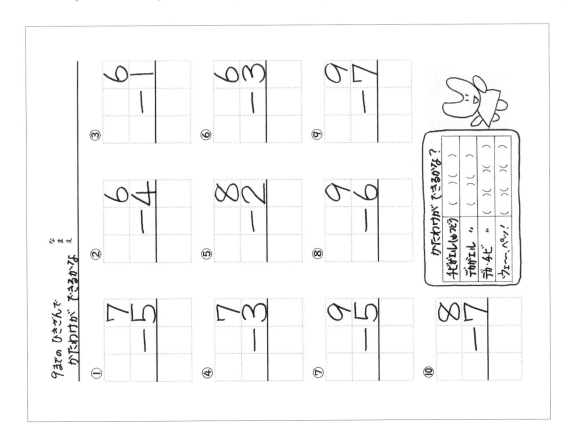

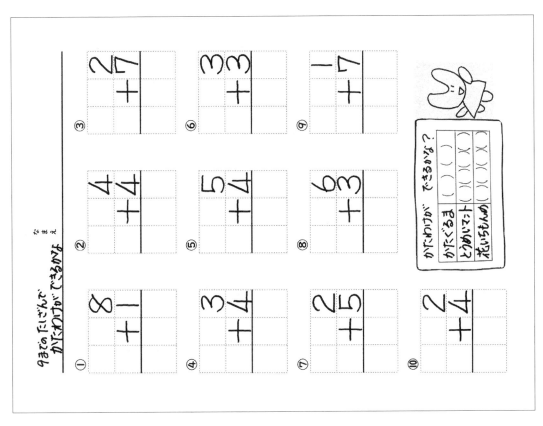

(7 9までのひき算)

チビガエル出動

（1）チビガエル、出動！ （7－2型）

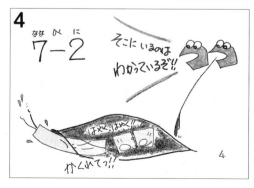

紙芝居「王さまの命令 その2」

「 」は、先生の問いかけ、
［ ］は、子どもの反応の例

1

［あれ、先生。これ前に読んだよね］
［王さまに『2くるるんをさらってまいれ！』っていわれて、カエルたち、めっちゃイヤな顔してるよね］
［でもほら、ちがうよ！　見て、しきがちがう］
［え、でもカエルが2ひきでしょ？］
［カエルは2ひきで同じだけど、7－2だからごろろんもいるんじゃないかなぁ］
［あ、ほんとだぁ］

2

［『かたぐるまして〜』だって。やっぱりごろろんもいたね］
［2かたぐるまだから、7って書いてあったんだね］
「えーい　くるるんどもめ、またあんなになかよくしてるぞ‼　カエルたちよ、2くるるんさらってまいれ！」
［2くるるんでしょ、カエルも2ってことは……］

3

「おい！　おまえたち、王さまの めいれいだ。さらっていくからな」
「わあっ！　カエルだ！」
「かくれなきゃ」
［かくれろって、まにあうのかなぁ］

4

「かくれてっ！　早く早く！」
「そこにいるのはわかっているぞ！」
［やっぱりまにあってないじゃん］
［やばいよ！　ほらカエルのベロがまたのびとる！］

64

5

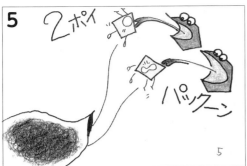

5

［あ〜ぁ、やっぱりつかまえられちゃった］
「2ポイ、パックーン！」

6

6

「あばよっ！」
［2くるるん、つれていかれちゃったね］
「のこっているのは？」
［わかったぁ。5だ！］
「どうしてそう、思うのかな？……だってぇ？……」
● 「だってぇ？」は、子どもから考えや理由を引き出す言葉。
［だってね、7−2でしょ、2かたぐるまの2くるるん
がつかまったから、ごろろんがのこってるんじゃないか
なぁ］

7

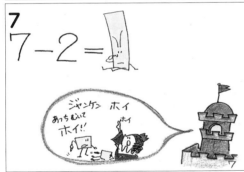

7

［やっぱりごろろんね］
［ごろろんないてるよ］
［あ〜ぁ、ごろろんかわいそう］
［くるるんたちもね］

　紙芝居を見て、子どもたちは絵からストーリーを読み取りはじめます。「7−2」という数式を見て、登場するブロックたちやカエルを予測し、展開するであろうひき算の結果まで考えるようになっていきます。

　子どもの状況を見ながら、子どもたちの思考に合わせて、その場で授業を展開していきましょう。相手の動きに響き合って即興演奏のような授業ができたら、毎日の算数が楽しみになります。

【チビガエル、出動型の問題は10問】

　7−2は、バラをごっそり引き去る問題。7−1は、バラを一部だけ引き去る問題。と見ていくと、チビガエル、出動！（7−2型）の問題は、下の10問。

9−1	9−2	9−3	9−4
8−1	8−2	8−3	
7−1	7−2		
6−1			

（網掛 7−2 がバラをごっそり引き去って、
答えが5（ごろろんだけ）になる問題）

数式を出しては、役割を決めたり交代したりして、物語を楽しみましょう。
数式から場面がわかり、物語っては引き去る操作活動が自由にこなせるよう
になったら、筆算でも同様に物語りつつ、計算できるようになります。

７−２のものがたり〜

７は２かたぐるま。ごろろん（Ｉマーク）と２を書く。
チビガエル、しゅつどう！
２ポイパックーン、あばよっ！ 　かたぐるまの２を斜線で消す。
こたえは５。

９−１のものがたり〜

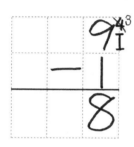

９は４かたぐるま。
ごろろん（Ｉマーク）と４を書く。
チビガエル、しゅつどう！
１ポイパックーン、あばよっ！
かたぐるまの４を斜線で消し、のこりの３を書く。
こたえは８。（答えは３かたぐるまの８）

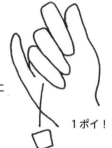

９は４かたぐるま

ひき算のイメージがつかめれば、
これだけでも答えがわかるように
なります。

１ポイ！

　さらに、手の中にブロックは持たず、エアー操作のみでも、答えがわ
かってきます。頭の中に映像（イメージ）を浮かべ、頭の中の動画で考
えることができるようになっていくのです。

（２）デカガエル、出動！（７−５型）

デカガエル出動

紙芝居「王さまの命令 その３」

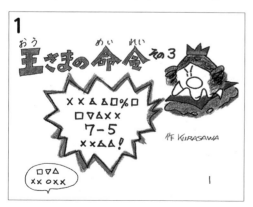

「　」は、先生の問いかけ、
［　］は、子どもの反応の例

1

［７−５だって］
「今日のお話はこれ。だれか日本語に翻訳してくれない
かなぁ」
［わかった！］
［あのね、ごろろんとくるるんがなかよしで、あそんで
いたら、カエルが５ひき来たお話］
「よくわかるねぇ」
［えー、でもカエル４ひきしかいないよ］
チビガエルは教具ケースに４ひきしかいない。
［ほんとだ］

2

[なに？　あのかげ]

「デカガエル、出動！」

「おい！　おまえたち、王さまのめいれいだ。さらっていくからな」

[え〜、なに、なに？]

「あ！　あれは………？」

「わぁっ！　カエルだ」

「か、かくれなきゃ」

3

「ジャ〜ン」

[わあ！　なんかでっかーい！]

[そうか、ごろろんをさらいにきたからでっかいんじゃ！]

「どういうこと？」

[あのね、－5だからごろろんをまるごとさらいに来たんじゃない？]

「まるごと？」

「きゃー！　かくれろー！」

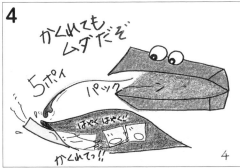

4

「早く、早く、かくれてっ！」

「かくれてもむだだぞ。5ポイ、パックーン」

[やっぱりごろろんをねらっとるよ]

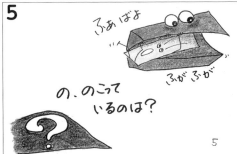

5

「ふぁばよ……ふがふが……」

[あーぁ、ごろろんつれていかれちゃうねぇ]

[ごろろん、けっとばしよるよ]

「の、残っているのは？」

6

[えーと、ごろろんがつれていかれちゃったから、くるるんだけのこってる]

[2人ともないてるねぇ]

[見て！　王さま、ずっこけてるよ]

「はい、では7－5のものがたりー！　はじめるよ。なにがいりますか？」

デカガエル、出勤！（7－5型）は、9－5、8－5、7－5、6－5の4問だけ。

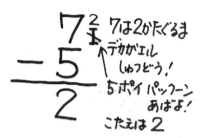

声に出してストーリーを唱えながら、
筆算に取り組みましょう。

（3）デカ・チビ、出動！（7－6型）

紙芝居「王さまの命令 その4」

デカ・チビ出動

「　」は、先生の問いかけ、
[　]は、子どもの反応の例

1

[「7－6」だって]
「今日のお話は、これ。だれか日本語に翻訳してくれないかなぁ」
[いいよ。あのね、ごろろんと2くるるんがあそんでいたら、カエルが6ぴき来たお話]
[だからさ、カエル4ひきしかいないよ]
●カエルは教具箱に4ひきしかいない。

[あっ、そうだった。あのでっかいやつと、チビガエルが1ぴきだ]

2

「おい！　おまえたち、王さまのめいれいだ。さらっていくからな！」
[ほら、やっぱりね]
「わぁっ！　カエルだ。かくれなきゃ！」
「あ、あれは……」

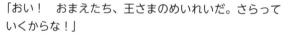

3

「ジャーン」
「キャー、かくれろー！」
[だから、まにあわないってぇ]

4

「5ポイ、1ポイ、パックーン！」
［カエルのベロ、すげー！］

5

「ふぁばよ」
「あばよっ!!」
［あ〜ぁ、つれていかれちゃうねー］
「の、残っているのは？」

6

［王さまは楽しそうだけど、くるるんたちは帰りたいんだねー］
［5ポイ、1ポイだから、1くるるんしかのこってないの、かわいそうだねぇ］
［早くカエルでやりたいやりたい！］
「じゃあ　やろうね。デカチビ出動の問題は、どういうのがあるかな？」

●ブロックを手に取って考え、「王さま劇場」をやりながら考えます。教具を動かすことで、考えることが可能になります。

7−6のものがたり〜

7は2かたぐるま。
デカ・チビ、出動！　5ポイ
1ポイパックーン、あばよッ！
こたえは1

デカ・チビ、出動！（7−6型）は、6問。		
9−6	9−7	9−8
8−6	8−7	
7−6		

アドバイス

　三次元の活動と二次元の計算プリントがつながりにくい子もいます。プリントの問題を1・2問取り上げて、「これはなにガエルが出動するのかな？」と、二次元へつなげるひと手間が重要です。
　確実に「わかる・できる」をねらうのでなく、曖昧さを残しつつも先へ学習を進めましょう。盆踊りのように、進んでは下がり……を繰り返します。下がる時は教具をお忘れなく！

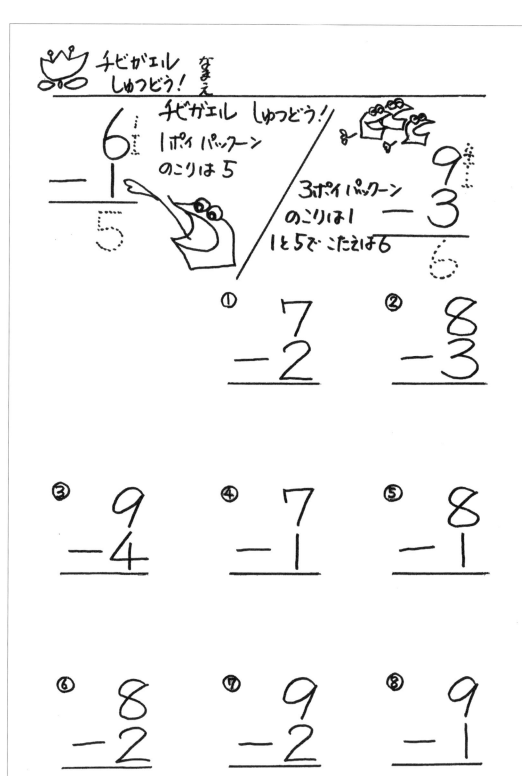

チビガエル しゅつどう！

チビガエル しゅつどう！
1ポイ パックーン
のこりは 5

$$\begin{array}{r} 6 \\ -\ 1 \\ \hline 5 \end{array}$$

3ポイ パックーン
のこりは1
1と5で こたえは6

$$\begin{array}{r} 9 \\ -\ 3 \\ \hline 6 \end{array}$$

① $\begin{array}{r} 7 \\ -\ 2 \\ \hline \end{array}$ ② $\begin{array}{r} 8 \\ -\ 3 \\ \hline \end{array}$

③ $\begin{array}{r} 9 \\ -\ 4 \\ \hline \end{array}$ ④ $\begin{array}{r} 7 \\ -\ 1 \\ \hline \end{array}$ ⑤ $\begin{array}{r} 8 \\ -\ 1 \\ \hline \end{array}$

⑥ $\begin{array}{r} 8 \\ -\ 2 \\ \hline \end{array}$ ⑦ $\begin{array}{r} 9 \\ -\ 2 \\ \hline \end{array}$ ⑧ $\begin{array}{r} 9 \\ -\ 1 \\ \hline \end{array}$

デカガエル
しゅつどう！　なまえ

$$\begin{array}{r} 6 \\ -\ 5 \\ \hline \end{array}$$

デカガエル しゅつどう！
5ポイ パックーン
のこりは 1

① $$\begin{array}{r} 7 \\ -\ 5 \\ \hline \end{array}$$

② $$\begin{array}{r} 8 \\ -\ 5 \\ \hline \end{array}$$

③ $$\begin{array}{r} 9 \\ -\ 5 \\ \hline \end{array}$$

④ $$\begin{array}{r} 6 \\ -\ 5 \\ \hline \end{array}$$

⑤ $$\begin{array}{r} 7 \\ -\ 5 \\ \hline \end{array}$$

⑥ $$\begin{array}{r} 8 \\ -\ 5 \\ \hline \end{array}$$

⑦ $$\begin{array}{r} 9 \\ -\ 5 \\ \hline \end{array}$$

⑧ $$\begin{array}{r} 6 \\ -\ 5 \\ \hline \end{array}$$

デカ・4ビ なまえ
しゅつどう！ _____

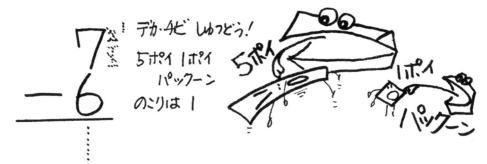

7
−6
‥‥‥

デカ・4ビ しゅつどう！
5ポイ 1ポイ
パックーン
のこりは 1

5ポイ

1ポイ
パックーン

① 8
  −6

② 8
  −7

③ 9
  −6

④ 9
  −7

⑤ 9
  −8

⑥ 7
  −6

⑦ 8
  −7

⑧ 9
  −6

（4）「うえ～、ぺっ！」（7－4型）

うえ～、ぺっ！

紙芝居「王さまの命令 その5」

「　」は、先生の問いかけ、［　］は、子どもの反応の例

1

「今日のお話は、これ」
「7－4のものがたりぃー」
［これ、楽しいやつだよね］
［ん？］

2

［ほら、たりないぞっ、ていうやつ］
［わかったぁ！　バラのくるるんがたりんから、王さまに
しかられるー！　っていうあれね］
「見つけたぞ、あそこだっ！」
「いくぞー！」
「わぁっ!!　カエルだよっ！」
「かくれよう！」

3

「た、たりない」　「おい！　たりないぞ！」
「なんだって!?」　「王さまに　しかられるぞ！」
「あれ？」
［あのカエル、ごろろんに気がついたんじゃない？］
［ぺろーん、ぺろーん、って、なめたらいいんだよねぇ？］
［そう、そう。そしたらへんしんが……］

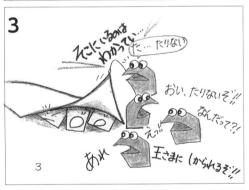

4

「待て、待てっ！　おれがあいてだ！　えいっ!!」
［うわっ！　ごろろんがカエルの口にとびこんだっ！］
［カエル、くるしそうだよ！］
「うえ～っ……」

5

5

「……ぺっ‼」

「うわぁ！　へんしんとけちゃったぁ！」
[うぇ～っ、きもちわる～い]
「おい、4ポイできるぞっ！」

6

$7^{\overset{2}{1}}-4=?$

6

「4ポイ、パックーン。あばよっ！」
[かわいそうー。1くるるんだけになっちゃったぁ]
[ちがうちがう、まだかくれているくるるんもいるよね]

7

$7-4=$

7

[わーん、こわかったよう。っていってるよね、きっと]
[かわいそうに、なみだがでてるよ]
「王さまは、お城でくるるんたちと楽しくあそびました」
[え～‼　王さまって、小さい子どもだったんかなぁ？]
「さぁ、どうでしょう。それはさておき、7－4の問題は、どうやって計算したらよかったのかな？　まずは、「王さま劇場」をやって、考えてみましょう」
[うぇ～っ！　ぺっ‼　で、へんしんがとけちゃうんだよね]

7は2かたぐるま。
た、たりないぞ！（まてまて、オレがあいてだ、やっつけてやる！　エイッ！）
うぇ～ぺっ！
（わぁ、へんしん　とけちゃったぁ）
（おい、つれていけるぞ！）
4ポイパックーン、あばよ！　のこりは1
1と2でこたえは3

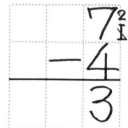

うぇ～、ぺっ!! なまえ

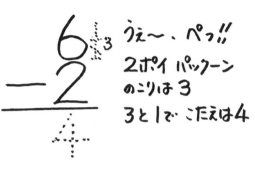

$$\begin{array}{r}6 \\ -2 \\ \hline \end{array}$$

うぇ～、ぺっ!!
2ポイ　パックーン
のこりは 3
3と1で こたえは4

① $\begin{array}{r}6 \\ -3 \\ \hline \end{array}$ 　　② $\begin{array}{r}6 \\ -4 \\ \hline \end{array}$

③ $\begin{array}{r}7 \\ -3 \\ \hline \end{array}$ 　④ $\begin{array}{r}7 \\ -4 \\ \hline \end{array}$ 　⑤ $\begin{array}{r}8 \\ -4 \\ \hline \end{array}$

⑥ $\begin{array}{r}6 \\ -2 \\ \hline \end{array}$ 　⑦ $\begin{array}{r}7 \\ -3 \\ \hline \end{array}$ 　⑧ $\begin{array}{r}6 \\ -4 \\ \hline \end{array}$

型分けゲームをしよう

用意するもの／数式カード・型分けカード

チビガエル出動！

9 − 1	9 − 2	9 − 3	9 − 4
8 − 1	8 − 2	8 − 3	
7 − 1	7 − 2		
6 − 1			

デカ・チビ出動！

9 − 6	9 − 7	9 − 8
8 − 6	8 − 7	
7 − 6		

デカガエル出動！

9 − 5	8 − 5	7 − 5	6 − 5

うぇ〜、ぺっ！

8 − 4		
7 − 4	7 − 3	
6 − 4	6 − 3	6 − 2

　たし算の時と同じように、カードを配って型分けゲームを楽しみましょう。授業のはじめに、こうしたゲームをちょこっと入れると、授業が活性化します。

　また、理解に曖昧さの残る子がいても、毎時間初めにちょこっとゲームタイムを設ければ、ゲームの中でその子に必要なケアを毎時間重ねることができます。

　つまり、クラス全体には習熟を図りながら、必要な子どもには個別の指導を保障できます。

デカガエルをつくろう

デカガエルのつくり方

用意するもの
チャック付き保存袋サイズＳ（必要なのは箱のみです
が、パッケージを開かずに準備してください）

つくり方

① チビガエルのつくり方と同様に、
3面をコの字にカッターナイフで切
り開く。

切り開いた側が正面になる。上の
部分が頭、下の部分が胴体になる。

② 手前の縦の辺を切る。

③ 左右の面を三角に折り
曲げる。

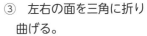

④ 目を描いて切り取ったものを、ホチキス
でとめる。（前面の前垂れをつまんでたたみ、
ホチキスの奥まで差し込んでとめる）

目をとめただけでは、前垂れが垂れたまま
で、口が閉じている。

⑤ 次に、目をとめた辺りのもう少し手前を2
か所、ホチキスでとめると、口が開く。

こうすることで、湾曲した口のラインがなん
とも愛らしく仕上がる。

完成！

使用頻度が高いので、わたしは製作時か
ら補強を施しています。図書の修理や保護
で使うテープがおススメ。一番傷みやすい
のは、ミシン目の部分。次に開口部、そし
てその口の両端です。目の取りつけは、両
面テープだとはがれやすいので、ホチキ
スが最適です。

●デカガエルを使うことで、5をかたまりの
まま引き去ることができ、ひき算の仕組み
がとらえやすくなります。

【ちがいを求めるひき算】 へらない？ ひき算（求差）

　ひき算を、カエルが引き去るイメージで進めてきました。『ぺちゃぺちゃくっちゅん』
（p15）では、おつきさまのりんごをへびたちが食べて数が減っていきました。
　ところが求差、ちがいを求めるひき算では数は減りません。求差は、わかりかけてきた
子どもたちを、混乱させるかもしれません。それで、次のような1枚紙芝居をつくりました。

「へらないひきざん　9－8のほん」

「1枚紙芝居」を「さんすうしい‼」で検索。

今回は、場面が多いので、
見せ方が少し違ってきます。
こちらが表。

こちらが裏。
前と同じように観音開きに
なるようにたたみ、さらに
半分に折る。

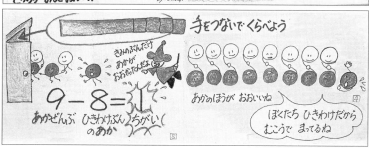

「へらないひきざん　9－8のほん」の使い方

① 玉入れをしたよ。
② 白は8個、赤は9個。どっちが何個多いのかな？

 ➡️開く

右側を開いて、

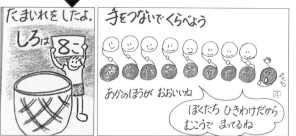 ➡️➡️➡️

　「うちの子は文章問題がわからないんです」と、よく耳にします。どうしてでしょうか。

　右の図でみると、文章は上の（文字・数字）ですし、耳で聞いたのであれば左の（ことば・音声）でしょう。それを理解するためには右の（もの・イメージ）に変換する必要があります。

　何やらややこしいので、英文で書かれていると考えてみましょう。

　英文を上手に読めた（音声化できた）としても、その内容がイメージできなければ、困ってしまいます。

　発達に課題を抱える子どもたちをみていると、この3つの関係がつながってないことがよくあります。物語を再現させる時、役割を交代して楽しむ……というのは、3つをつなげる訓練として、意識的に設定しています。

（文字・数字）
3
さん（ことば・音声）
□□□（もの・イメージ映像）

　求差の場合は、食べてしまったとか、妹にあげたとか、飛んでいってしまったとかじゃなく、実際にはものの移動はない。なのにどうしてひき算をするのか、謎だと思うのです。

　実際にはものの移動はないけど、「ぼくたちはピッタリ同じで引き分けだから、向こうのお部屋で待ってるね」と、頭の中で移動させればちがいが残る。子どもたちが考える時見ていると、手で「ポイ」と払いのける仕草をして求差の問題を解いています。

　「特別支援学級の子だから、難しいことは無理！」なんて決めつけず、文章を読み、場面をイメージして演算決定ができたらなぁ、と思います。

③　手をつないで比べよう。赤のほうが多いね。
　「ぼくたち引分けだから、向こうのお部屋で待ってるね」

左側を裏に折り返す

裏返す

④「え〜、待って待ってっ！　ぼくは手をつなぐ子がいないんだよぉ‼　おいてかないでぇ〜、わーん‼」
「きみの分だけ、赤が多かったんだよ」

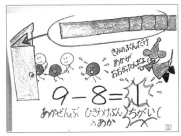

折り替えて

⑤「赤のオー、勝ち！」
「わーい、わーい」
パチパチパチパチ……。
答え、赤が1個多い。

(8 二桁の数)
10をかたまりでとらえる

ここで大切なことは、位取りを理解することです。これまで、10ではなく「9までの数」を一括りとしてきたのは、「10」からは二桁の数だからです。

大切なことを印象的にとらえてほしい時に、紙芝居は抜群の力を発揮します。

こんなお話はどうでしょうか。

紙芝居 「ようこそ ぼくたちのうちへ」

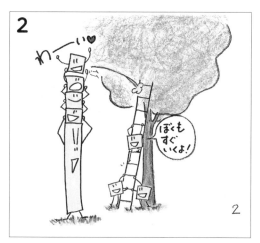

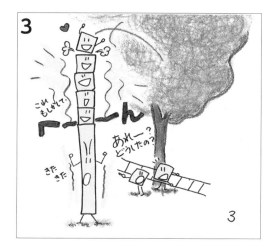

二段階でへんしんします。「へ～ん、しんし～ん!」

大人があれこれいうより、紙芝居からいろんな情報を得る……子どもたちが一緒にあれやらこれやらと、読み解いていくほうが、浸透するように思います。

今後、繰り上がりや繰り下がりを学習することを意識して、位取りの部屋を行き来できる"ドア"を取りつけてみました。(笑)

紙芝居があれば、言葉の未熟な子どもたちにも、位の意味がつかみやすくなると思います。

くるるん・ごろろんの部屋がまずあり、次にジュース君の登場でジュース君の部屋を増設する。そのほうが、吸収がいいでしょう。

入門期から本質を押さえた指導を行えば、新しい学習が積み上げられるようになります。

知的な力が弱い子は学年が進むと学習が頭打ちになる、限界だ!　と、あきらめてしまうかもしれません。でもそこ、本当に限界線ですか?

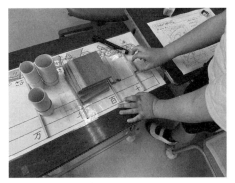

くるるんやごろろんが、語りかける算数が楽しい。
教具を動かせば、考える力が働きます。
わかることは、嬉しいし楽しい。
算数が大好きになってきました。

二桁の数をからだに取り込む

　ブロックは必須の教具です。今回から使用する１cm角ブロックは、低学年から高学年まで、幅広く使うものです。わたしは入門期だけは大きめのものを使いますが、ここからは１cm角を毎日のように使います。一番使用頻度の高い教具です。子どもたちがすぐ取り出せて、また片づけられる場所に収納しています。

　なぜ使用頻度が高いかというと、

①　１年生の数と計算からはじまって、４年生の"億""兆"と広がる「十進位取り記数法」の基礎を築くものだからです。

　また、

②　２年生の「水のかさ」や「長さ」「かけ算」、３年生の「小数」、４年生の「面積」、そして５年生の「体積」……というように、小学算数の相当な範囲の学習を支えるものだからです。

　二桁の数をからだに取り込むべく、２つのゲームと１つの教具を紹介します。

（1）ブロック取りゲーム

ブロック取りゲーム・サイコロ

　このゲームでは、繰り上がりや繰り下がり（後半）場面が出てきますが、繰り上がりや繰り下がりが未習の段階ではじめます。へんしんさえできればゲームは楽しめます。むしろ、未習の段階で豊富に経験値を積んでおきたいものです。

用意するもの
・ブロック（バラの１が１cm角）
　バラの１／15個　５のカンヅメ／５本　10のカンヅメ／20本
　50のカンヅメ／５枚　100のカンヅメ／30枚　（画用紙でも可）
・サイコロ（０～９の目）／２個……第一段階で使う
　（サイコロは、「10面サイコロ」で検索）
・数カード（黒15枚、赤２枚）……第二段階で使う
・ひき算の怪獣箱（一の位怪獣・十の位怪獣）……第二段階で使う
・個人用金庫（位取りの部屋。ラミネートしておく）
・ブロックを乗せるトレイ（お盆）

5	16	18	23
27	29	32	34
43	48	5	62
72	81	101	
２枚は赤カード→		29	48

●金庫（位取りの部屋）は「さんすうしい!!」で検索。p101にも型紙あり。

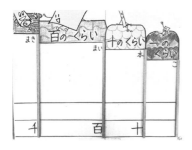

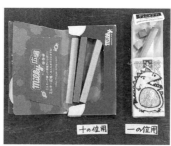

第一段階　一桁の数……グループの人数は２〜３人ずつがよい。（学習量を確保したいから）

●机上の取りやすい場所にブロックを置く。

●じゃんけんで勝った子から順にサイコロをふる。

●出た目の数だけブロックを取り、金庫（位取りの部屋）に入れる。

●サイコロを振るたびにブロックが増えていく。バラが増えたら両替（へんしん）する。

●適当な回で終了とし、持ちブロックの総数を確かめる。

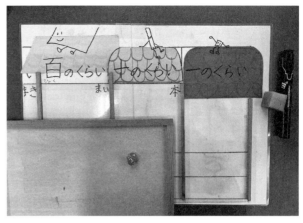

第一段階のゲームで必要となる道具は、これとブロックだけ。

第一段階　一桁の数でのゲーム

　数の認識が不十分で、５まで、あるいは９までの数の把握があやしい子がいても大丈夫。難しそうな子にぴったりついて集中的に支援しましょう。

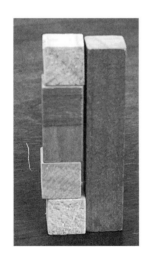

　５や10のへんしんはブロックを縦に積んで、高さを確かめて支援します。（縦に積んだほうがインパクトが強い。大・小・同じが認識しやすい）

　様子を見て、必要なら、

　「あ、へんしんができそうですね」と、うながす声がけをしましょう。へんしんを繰り返すにつれて、徐々に声が大きくなって笑顔もひろがっていきます。子どもたちはへんしんが大好きです。

　また、「やったぁ！　ぼくのかちだ！」という言葉が飛びだしたら、すかさず、

　「そうかぁ、○○君の勝ちなんだね。でも、どうして○○君が勝ちなの？」と問いかけます。そうすれば、

　「だってね……」と、ブロックを指さしての説明を引き出すこともできます。

　本気勝負のゲーム場面でこそ、比較の必然性があり、みんなが納得する説明が必要になります。

♣ 工夫次第で未来がひらける

　位取りの部屋がまったく意味をなしていないという場合は、金庫（位取りの部屋）を改造しましょう。これは、授業を通して実証済みです。

> **改造**
> ①　各位の部屋に違った色や模様の屋根を取りつける。その際、「一のくらい」はジュース君が入れない高さにする。
> ②　「十のくらい」は百太くん（百のかんづめ）が入れない幅にする。
> ③　各部屋の壁に、細い角材か割りばしを取りつけて、区切られ感を強調する。

【改造後】

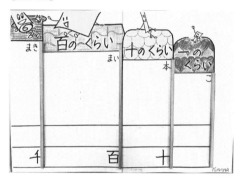

【改造前】

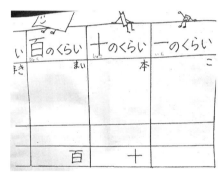

　上の写真の金庫が改造を加えた実物です。最初は"ただの表"（右写真）でした。Ｓちゃんには何ら意味のない代物だったに違いありません。

　知的な発達に遅れがあり、言葉もオウム返しの状態だったＳちゃんに、言葉での説明は役に立ちません。どうやったらＳちゃんにわかってもらえるだろうか……。願いを込めて改造しました。

　色画用紙で屋根をつくり、別々の部屋っぽくしてみました。壁も問題です。印刷された線では、位を隔てる壁として理解してもらえないだろうな、と。そこで思いついたのが角材です。両面テープで壁を取りつけました。

学びの取り入れ口は子どもによってさまざま。

Column コラム　奇跡のようなＳちゃんの変容

　実は、この年（Ｓちゃんを担任して２年目）の春、二桁の数の学習はやるまいと決めていました。お互いの幸せのために。それほどに１年目の算数は難航していたのです。生活面や家庭科・図工など、あらゆる角度から新しい経験と楽しさ（一輪車・ミシン・彫刻刀で版画など）を追求。（それらは予想を超えて成果を上げることができました）

　数と計算の領域はいったん凍結。外堀を埋めて天守に迫る作戦でした。といっても、算数をあきらめるのではなく、長さ比べや水のかさなどの量と測定で、活動メインの算数を（独りよがりかもしれないと悩みつつ）重ねていきました。

　ある日の朝のＳちゃんのスピーチ。

　「（きのう）ぶどう　たべました。おっきい　ぶどう」と、初めて、形容詞が飛び出しました。いつものデラじゃなく、大きなつぶのピオーネを食べた感動を伝えたかったのでしょう。驚きました。しめた！　と思いました。

　９月に入り、転校生がやって来たのをきっかけに、二桁の数の学習をはじめました。数と計算領域の再開です。その初っぱなの難関を突破させたのが、先ほど述べた屋根つき金庫というわけです。

　金庫を改造した翌日、再びブロック取りゲームに挑戦。Ｓちゃんは前日までがウソのように、新しい学習（２〜３位数）に取り組めるようになったのです。

　もしもあのまま、ただの位取りの部屋を押しつけていたら、その後の目覚ましい知的な発達は、現実のものとはならなかったでしょう。

　「先生、Ｓの伸びしろは、まだありますか？」

　Ｓちゃんのお父さんにそう問われた時、わたしは、

　「お父さん、大丈夫。発達していくのは、いよいよここからが本番ですよ」と応えました。担任して２年目の冬でした。

　そうして３年目の秋に、奇跡としかいいようのないような発達が訪れたのです。

　（本当にわかっているのだろうか……）６年生になり、とんとんと学習が進みはじめたことに、まだ確信がもてずにいたわたしは、ある日、確かめてみようと思い立ちました。仕入れたばかりのブロックを段ボール箱から大きなテーブルにざざっと開けて、

　「数えてください」と伝えました。伝えるのはそれだけ。助言はいっさいすまいと、心に決めて見守りました。Ｓちゃんは一列にブロックを並べはじ

めました。10で一括りとし、「じゅういち」と続けて数えながら、11から
は新たな列として並べていきました。

　数唱がふっと止まりました。数え間違ったのです。じっと見守っていると、
目線は並べたブロックの10の列に動き、正しい数唱でその続きから数えて
いったのです。これは間違いない。理解できている！　そして99で一瞬止ま
り、「ひゃく！」と、また難関を超えていきました。

　早めに1年生が交流から戻ってきても、4校時終了のチャイムが鳴っても、
授業終了の挨拶をしても、Ｓちゃんは止まりません。クラスの子らが気を利
かせて給食の配膳をし、配膳を終えて待っています。ようやくＳちゃんは全
てのブロック601個を数え切って、最後の1個を手に持って、ドヤ顔で写真
に納まりました。

　（Ｓちゃんに算数を教える意味はあるのか、わたしの自己満足ではない
のか……）と、悩んだ時期もありましたが、Ｓちゃんの笑顔が間違いなく
"YES"、算数を学ぶ意味はあるのだと示してくれたように思いました。

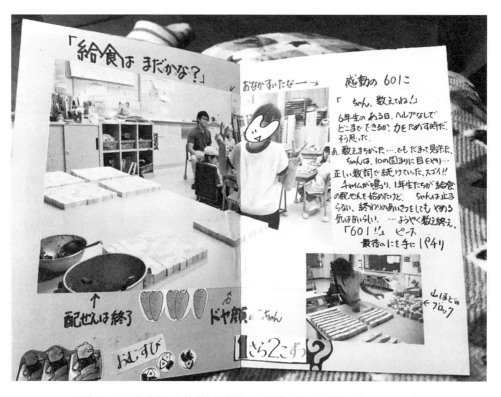

写真は、その後進学した特別支援学校の卒業時に贈った冊子の中の1ページ。
掲載のため加工を施しています。

第二段階　一～三桁の数でのゲーム

ルール

第二段階　サイコロを数カードに切り替える。

　基本的なルールは同じだが、赤字のカードを引いた場合は、カードの数だけ返してもらう。ただし、持ちブロックがカードの数より少ない時は、返しようがないので、もう一度カードを引く。

カードで

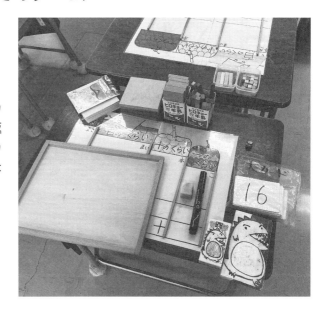

必要な支援もごっこあそびの世界で

アドバイス1

　獲得したブロックに、次に獲得したブロックが加わって増えていくルールがつかみにくい子もいます。その場合はトレイの上にカードを置き、カードの数だけトレイにブロックを取ると、ルールがつかみやすくなります。

　次に「ごあんな～い」と声をかけるようにすると、ごっこあそびのイメージで金庫のそれぞれの位の部屋に入れることがわかるだけでなく、さらに楽しくなります。

アドバイス2

　数カードを見て、取るべきブロックがわからない場合、「27」であれば、「やったあ、ジュース君だよ。2本おねがいしま～す」と、カードの「2」の上でジュース君をピョンピョンさせて誘えばいいのです。

　「次はぼくたちの番だよ。ほら見て！　ごろろんと2くるるんをお願いしま～す」

　できたら、「○○君、ありがとう！」と、握手を求めましょう。

　ごっこあそびの世界で算数を展開していくのです。

　金庫にブロックを入れる時、位取りが曖昧な子がいたら、ブロックを手に持ち、「おーい、ひゃくたくんはこっちだよ。ほら、こっち　こっち」と、迷子のブロックを助けに行きます。
　「ごめん　ごめん」
　ブロック同士のやりとりなので、間違えても平気です。

　第二段階は、サイコロから数カードに切り替え、一桁から三桁の数を扱います。

●三桁のカードは、「101」の1枚だけにしています。次のステップへの橋渡しです。また、数カードは「23」と「32」、「27」と「72」、「34」と「43」、「18」と「81」というような、位を入れ替えたカードを意識してつくっています。

　ゲームはじめのルールは、先に書いたようにシンプルにして、とりあえずゲームをはじめましょう。必要が生じた時点で、説明を加えたほうが理解しやすいものです。
　「50」を、わたしは「ゴジュース君」と呼んでいます。子どもたちの命名です。

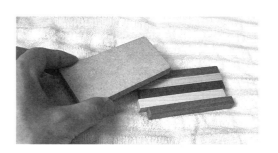

　これも、ジュース君が5本になった時点で、「へんしんができそうですね」とジュース君5本の上にゴジュース君を重ね、「へーんしん！」といって下のジュース君5本を抜き取ってケースに戻します。
　指先で"ピッタリ同じ"が感じられて心地いい。心地いいこの感覚は、重要だと考えます。

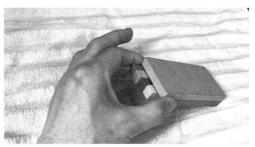

　100は「ひゃくたくん」と呼んでいますが、これも同様。このピッタリ感、心地よさが、くせになります。それが、へんしん⇔へんしんもどれです。

♣ ひき算の意味や場面を再認識

ブロック取りゲーム・カードひき算

　赤字カードはゲームを盛り上げます。

　ひき算では逆引きする子がいると、よく耳にします。「ひく数」と「ひかれる数」の区別がつかないからです。だから、ひき算ではカエルを登場させてきたのです。

　二位数では怪獣を登場させます。「ひく数」を怪獣箱に、ホワイトボードマーカーで記入しましょう。

　（怪獣の絵をラミネートして箱に貼れば、ホワイトボードになります）

怪獣たちに
「3こおくれよ」
「2本おくれっ！」としゃべらせて、ひき算の意味や場面が再認識できるようにします。

　「返さなくちゃ。だけど足りないよ。どうすれば返せるかなあ……」

　怪獣箱の口をパクパクさせることで、「なんとか返さなくっちゃ」という必要感をつくり出します。

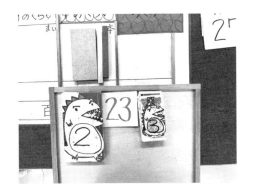

　しかし、カンヅメに固めていくほうは比較的浸透しやすく、「へーんしん！」と喜んでできますが、赤カードが出て返さなくてはいけないけどバラが足りない場面……いわゆる繰り下がり場面で難しさを見せる子どもが出てきます。その場合、あせらず「○○君、ぼくが『へんしんもどれ！』ってしてみるね」と、カンヅメタイルにしゃべらせてみましょう。

　「へんしん、もどれ！」とへんしんを解いて、返す操作をやっていくうちに、**繰り下がりの場面としくみが、ゆっくりと、しかし鮮明に**なっていきます。

　ゲーム終了後は金庫のブロックを確かめます。その際は、大きい位から「なんまいですか？」「なんぼんですか？」「なんこですか？」とたずね、「○枚　○本　○個で、○○○と書いて、○百○十○」と声に出して、みんなで確認してもらいます。

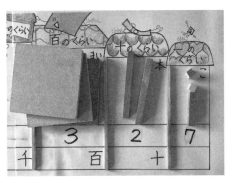

「3まい、2ほん、7こで、3・2・7とかいて、さんびゃくにじゅうなな」

♣ つまずくところは決まっている

つまずくところは決まっていて「1」と「0」です。

「111」(ひゃくじゅういち)は、本来なら「いっぴゃく いちじゅう いち」で、「200」は「にひゃく れいじゅう れい」です。

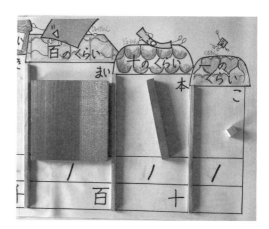

しかし、日常生活では当たり前のように「いち」や「れい」は省略され、おまけに子どもにとってそのルールはわかりづらい。その上、そうした説明はなされないことのほうが多いのではないでしょうか。

大人にとっての"当たり前"が、子どもたちを惑わせているのです。ですからわたしは、**省略しないで読むことを体験**させます。その後に、次のように指導します。

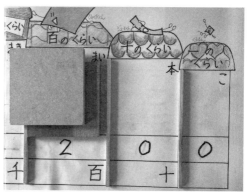

> 「1」と「0」は省略してしまっていわないことがあるよ。
> しぃ〜、 お口の中に飲み込んで声を出さずに読んでごらん。

省略部分は子どもたちと顔を見合わせ、一緒に口をぱくぱくさせて数を読み上げ(声無し)ます。難しいはずの学習が、楽しいあそびに変わってしまいます。

子どもたちに主体的に考えさせたい、考えを言葉で説明できる力を育てたい。そうした時に効力を発揮するのは、やはり「ゲーム」です。

子どもたちの理解の度合いを見ながら、勝ち負けの結果をたずねたり、「え、○ちゃんのほうが多くない?」などの揺さぶりをかけたりして、大きさ比べのポイントをみんなでおさえます。

ブロックは数の大きさ、十進法を体現した教具ですから、子どもたちは数とその大きさをしっかり結びつけて認識できるようになります。

ゲーム体験を重ねていくと、数字だけでは大きさのイメージがあいまいだった子どもたちも、目の前にブロックがあるから、「ちがうよ」と、認識できるし、いいやすくなります。うまく説明できなくても比べるべき位のブロックにそっと触れて示したりするようになっていきます。

（2）ふわ玉飛ばしゲーム

> **用意するもの**
> ・ふわ玉　2～3個（手芸店にある小さなボンボンの玉）
> ・タイル　（10のカンヅメ15本……ふわ玉飛ばしのコースをつくる）
> ・ゴム止めのついたパスの箱2箱　　・個人用金庫
> ・ふせん紙とマジック

とりあえず、ふわ玉飛ばしをする

　まずはコースをつくらず、ふわ玉を飛ばしてみましょう。

　パスの箱の上にふわ玉を載せて、ゴムを弾いてふわ玉を飛ばします。何度かやったら、上手く飛ばせるようになります。

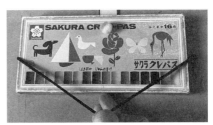

　「パスの箱からどのくらい飛んだか、測りたいけど、どうすればいいかな？」

　「タイルのジュース君がお手伝いに来てくれてるけど、使えそう？」と、問いかけましょう。

　何本か、タイルを並べて飛距離を調べたら、並べたタイルを一度手に集めて、確認します。面倒なようですが、この過程はとばさないほうがいいようです。

今度は本格的にコースをつくって準備

① 　コースをつくる。（教室の板目やタイルの目に添って、10のカンヅメを15本程度並べる）

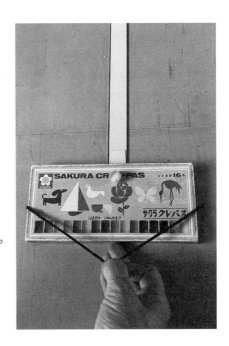

●タイルは、わたしの場合は「教師用ヘンシンタイル」（共栄プラスチック、10のカンヅメが2cm×20cm）を使っていますが、色画用紙をラミネートしてつくってもいいです。その際は、ラミネート加工してから裁断しましょう。

② 　それぞれ自分の机に金庫を用意する。

③ 　みんなが取りやすい場所に、ブロックを用意する。

④ 　スタート地点にパスの箱を準備する。

⑤ 　コースのそばに、5のカンヅメとばらを5個セットしておく。（まずは置いておくだけ）

⑥ 　2～3人で1組。4人以上だったら、並べた10の列の右コースと左コースに2人ずつ分かれて、それぞれでゲームを進める。（活動量の確保）

コースにふせん紙を貼る

ふせん紙に10、20、30……と書いて、子どもたちに渡すところが重要な学習。

「どこまで飛んだら10点かな？　はい20点、はい30点……貼ってみて」

点数を書いたふせん紙を渡してみる。ああだこうだとやっている子ども同士の
やり取りを観察しましょう。

「30点はここだよ」といった教え合いが生まれると思います。

「0点はどこに貼ればいいのかな？」

わかった子がリードして、次時には他の子も考えて行動できるようになってい
きます。

あそび方

① ジャンケンで順番を決め、1番の子からふわ玉をゴムで飛
ばす。

② 飛んだ点数を調べ、金庫に得点を入れる。飛ばすたびに加
算していく。

③ 頃合いを見て、コースのそばに準備していた5のカンヅメ
とバラ5個を使い、はんぱも点数にしていく。

④ 回数を決めて、飛ばした合計点をみんなで確認し、順位を
明らかにする。

あそびこそが発達を動かす

友だちと一緒にあそぶという体験が貧弱になってきたうえに、コロナ禍でますます
希薄になってきた子どもたちのあそび。

あそび慣れていないから、不器用でもたもたするのは当たり前です。発達し損ねた
部分を発達させるのですから、逆にいえば、そこには大きな可能性があるといえます。

できなくて当たり前。わからなくって当たり前。わからなかった"順番こ"がわか
るようになったり、わからない子に優しく声をかける子が出てきたり、「やったね！」
って、一緒に喜ぶ姿が生まれたりと、あそびは成長・発達の宝庫です。

算数と一見関係ないようにも思えますが、刺激いっぱいのあそびで賢さも育つ。も
くもくとドリル問題を解くよりも、こうした体験をたくさん積んでいくと、単調なド
リルにも集中して取り組めるようになっていきます。

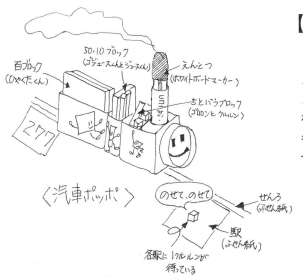

〈汽車ポッポ〉

【汽車ポッポ】 数の列であそぼう

　1ずつ増える数の列はわかっても、2とびや5とびが難しい子がいます。2とびがわからないという以前に、何を求められているのかがわからない子もいます。そこで、汽車ポッポを考えつきました。

1ずつの巻

12から1ずつの巻

5ずつの巻

初めは1ずつ増える数列です。

「しゅっぱーつ！　シュシュポッポ　シュシュポッポ　ポー」
ふせん紙の駅で、同じ数ずつのブロックが待っています。
「乗せて、乗せて！」
「いいよぉ」
乗ったら駅のふせん紙にブロックの数を書いてもらいます。
9まできたら、

「乗せて、乗せて！」
「だめだよ、もうきつくて乗れないよ」
「そうだ、へんしんしよう！　へーんしん！」
「ジュース君になったから、十のしゃりょうにおひっこし！」
「しゅっぱーつ。シュシュポッポ、シュシュポッポ、ポー」
「乗せて、乗せて！」

　駅のふせん紙を5枚重ねぐらいにしておくと、次のバージョンに素早く切り替えられます。始発駅のブロックの数を替えましょう。
　今度はふせん紙の駅に待つのは、2くるるん。どの駅にも2くるるんです。汽車ポッポに乗せてからだとブロックの数を書けるけれど、
　「駅に着く前に書いてね。ほら駅に着いちゃうぞー！　早く早くぅ！」
というふうにすれば、頭の中で2くるるんを乗せなければいけません。ふせん紙の上の2くるるんをじっと見て、考えます。
　ふせん紙の2くるるんがあるから、映像を浮かべるのが苦手でも、頭の中でふせん紙の2くるるんを動かしやすい。こうやってあそびながらイメージ機能を育てていきます。

数列ができ上がったら、順に読んだり逆に下がって読んだりします。上手に読めたらハイタッチを忘れずに！　いくつかの駅の数字を隠すと、難易度が上がってドキドキしてきます。必ずしもゆっくり丁寧が親切とは限りません。

では次に、5とびバージョンでやってみましょう。ふせん紙の駅で待っているのはごろろんです。5とびは時計読みやグラフ・秤の目盛読みで、必要になってきます。10とびや50とび、100とびもやってみましょう。百にへんしんしたら、百太くんが乗れる車両がありません。連結器を出して、百の車両を繋ぎましょう。ゲームの中で三桁を経験しておくことは、二桁の理解を助けることともつながります。

ところで、駅のふせん紙だと、1人しか書き込めません。子どもの数が多かったら、学習量が少なくなります。

それでは困る。1人ひとりに書かせるなら、プリントを刷っておいてもいいし、ラミネートしたものを人数分つくっておくのもいいでしょう。

楽しんでいるうちに、規則的に増減する数列の仕組みがとらえられるようになっていきます。

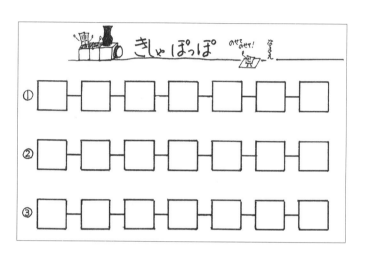

汽車ポッポをつくろう

用意するもの
・給食用の牛乳パック
　一の車両と十の車両用に3個、連結器用に2個、
　百の車両用に4個
・煙突になるもの
・機関車の正面に貼りつけるカップ

つくり方

牛乳パックでつくった
二桁用の汽車ポッポ

つくり方

① 機関車の正面に貼りつけるカップを切る。切る線は、写真のようにペンを寝かせて固定し、カップのほうをペン先に押しつけながら回転させると、きれいに書ける。切り取ったら、機関車になる牛乳パックの底にテープで取りつける。

② 煙突を取りつける位置に印をつける。煙突を差し込むための切り込みをカッターナイフで入れて煙突を立てる。

③ 一の車両は、牛乳パックの底部分を2cmの高さで切り取る。ペンを固定して①の時の要領で印をつけるとよい。

④ ③をはさみで半分に切って重ねる。

⑤ ④の部品を取りつけるスペースをつくる。煙突から2cm辺りまで牛乳パックにハサミを入れ、折ってつくったスペースに④をホチキスで固定する。

⑥ 十の車両をつくる。牛乳パックに別の牛乳パックを横にして押しつけ、ペンを固定し、立てた牛乳パックの方を回して印をつける。

⑦　⑥で切りとったものを、④と同様に半分に切って重ね、
　　一の車両の隣にホチキスで取りつければ、完成。

【オプション：百の車両と連結器をつくる】

①　百の車両をつくる。牛乳パックを横にして、上面を切り取ったもの（これをAと呼ぶとする）と、上面に３か所ハサミを入れたもの（Bと呼ぶ）をつくる。（同じものを２セットつくる）

　　AをBに差し込む。この時、Aは、やや低めになるように切りそろえると入れやすい。100のブロックが入る長さに調整して、Bのベロの部分を折りこみ、ホチキスでとめる。

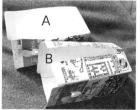

　　でき上がった２つをホチキスでとめる時は、パックの切れ端を継ぎ目に当てて、その上からとめると、より丈夫になる。車両の底部分を幅広のテープで、やや引っ張り気味にして貼る。

②　連結器をつくる。牛乳パックを横にして、底を合わせてホチキスでとめる。ベロは、十の車両側は折り返しやすいように短めにカットする。底を合わせてホチキスでとめる際、斜め上からやや強引にホチキスを差し込むようにして、左右から２か所とめる。連結器の底部分を、やや引っ張り気味にして幅広のテープを貼って、完成。

新型連結器（クリップが不要）

三桁用に連結

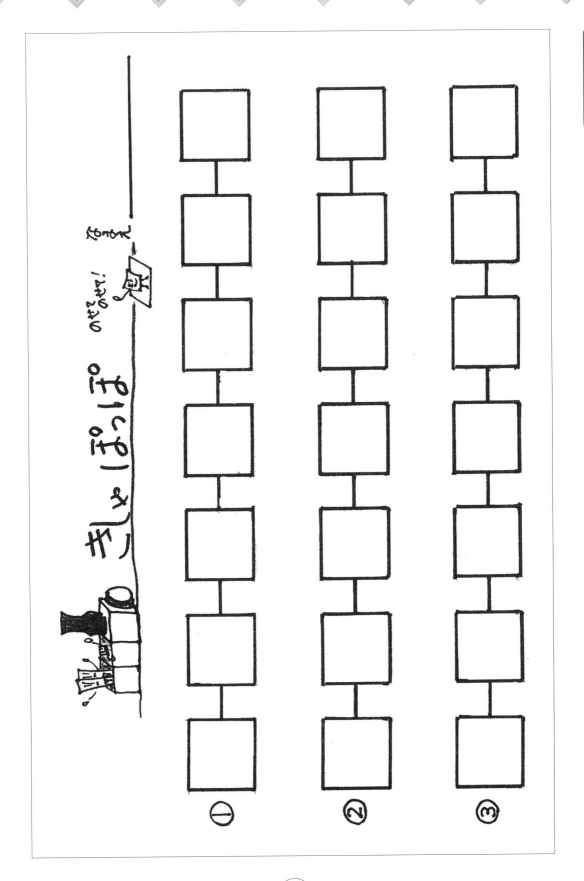

キレイ(ぎ)にかこう！のもんだい

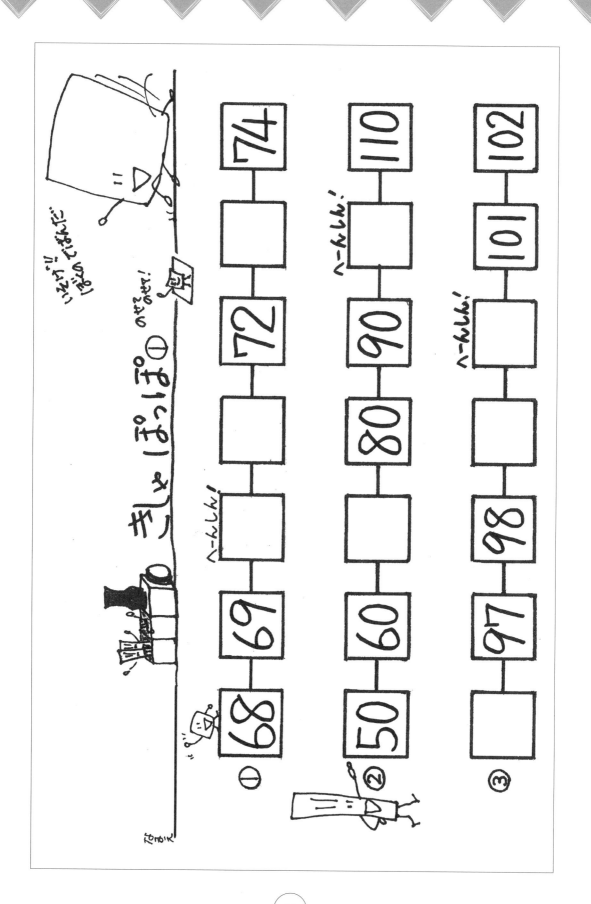

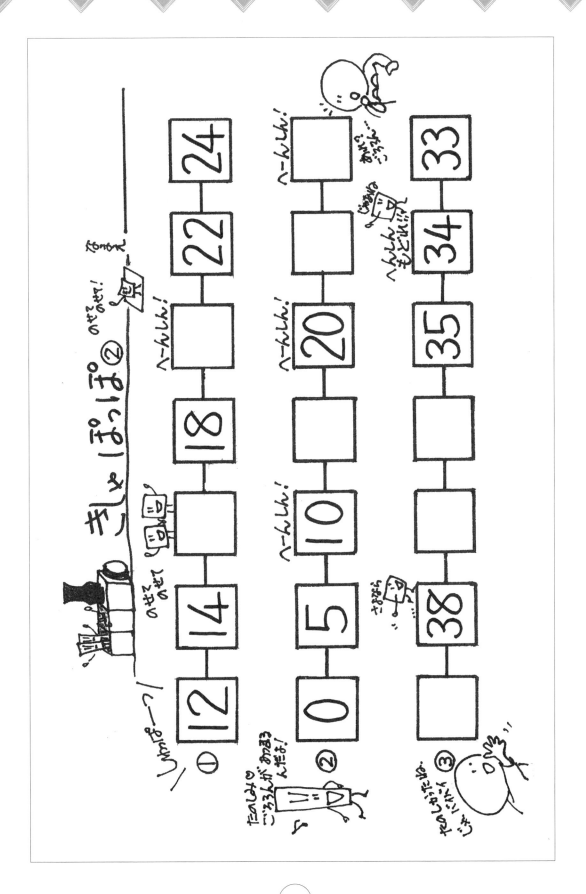

大きな数たんけん隊

もんだいを といてね♡

なまえ＿＿＿＿＿＿＿＿＿＿＿

ジュースくん だよ

1 10が 3こと、1が 7こを

くるんだよ

あわせた かずは、 | 十 | 一 |　です。

2 62は、10を □ こと、1を □ に、

あわせた かずです。

3 □は、いくつかな。 あ～ ジュースくんたら…

ご　　あ □　　い □　　う □　　え □　　お □

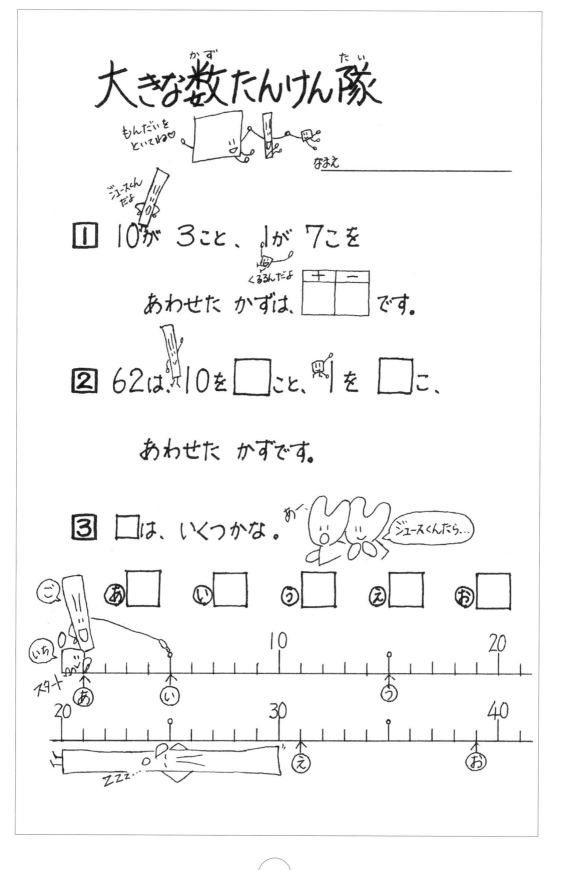

いち

スタート

↑あ　　　　　↑い　　　　　10　　　　　↑う　　　　20

20　　　　　　　　　30　　　　　　　　　40

ZZZ…　　　　　　　　　　　↑え　　　　　↑お

100

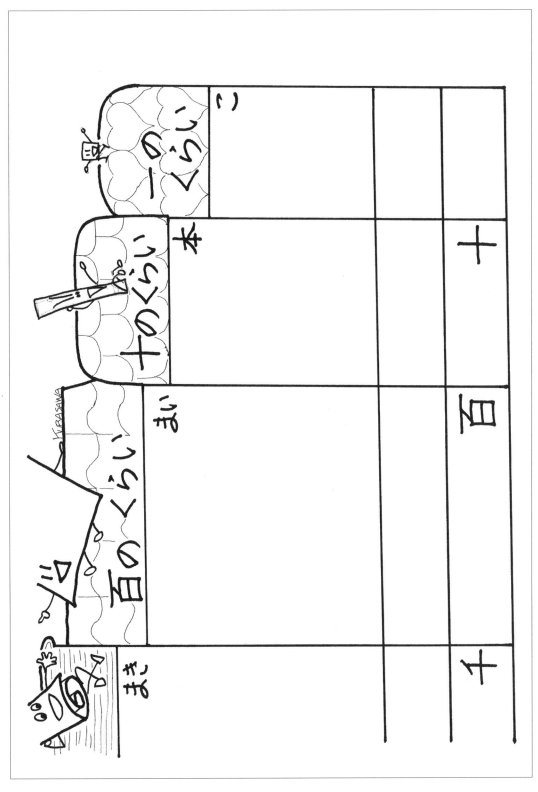

A3の大きさに拡大してラミネート加工する。

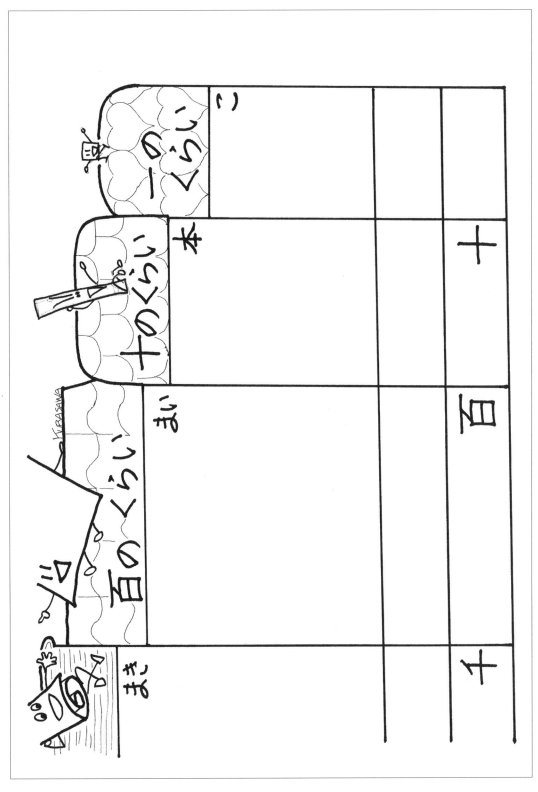

A3の大きさに拡大してラミネート加工する。

8 二桁の数

101

（9 繰り上がりのたし算）

（1）ごろろん ふたり型

　　紙芝居「おとまりハウス」は、7くるるんと6くるるんの2家族が出会い、一緒におとまりハウスへ行くお話です。

【「おとまりハウス」で繰り上がりを考える】

　このお話を式に表すと「7＋6」。大勢で楽しそうですが、いったい、なんくるるんがいるのでしょう？

[わかったよ、13だ]
「どうして？　なんか、すぐにわかっちゃったみたいだけど、どうして？」
[だってさ、ごろろんが2人いるでしょ、5と5で10]
「はぁ、5と5で10！」
[そう、5と5で10]
「5と5で10……なるほどぉ」
[それとね、くるるんは、2人と1人だからガッチャンで3]
「ちょっと待って！　くるるんはくるるんでガッチャンするわけ？」
[え～……]
[だってね、ごろろんとごろろんで10になったら、くるるんのおへやでゴッツンするでしょ]
「あ、それ、なんだっけ……」
[ほら、『ただいまぁ』って帰ったら、頭ごっつんしたよねぇ]
[えっとぉ……『ようこそ　ぼくたちのうちへ』だよ]
[そうそう、大工さんして、ジュース君のお部屋をつくったんだよ]
[ほら、やっぱり。ジュース君はジュース君のお部屋で、くるるんはくるるんのお部屋なんだよ]

では今度は、筆算のやり方を考えましょう。7＋6のものがたり～。
数字だけ見てて、ごろろんがどこにいるか、わかるかな？

［わかるよ。ここ、7は2かたぐるま］①
「じゃあ、ここに書くよ」①
［6は1かたぐるま］
「○○君書いてみて②……ありがとう。えーと、おとまりハウスに先に着いたのは……」
［くるるんたちだよ］
「わかった。先にバーラを……」
［ガッチャン3！］③
「ＯＫ。筆算でもお部屋に入ったよ。あとは……」
［5と5で、へーんしんしーん10！］「5と5で、へーんしんしーん10！……あれ？」
［どうしたの？］
「う～ん、ジュース君はどこに書けばいいのかなぁ」
［十のくらいだから、たぶんここ④だと思うけど？］「たぶん？」
「うーん、ブロックでやってみたらどうかなぁ」
RRR……
「あ、もしもし……はい。……え、了解しました。ありがとうございます」
［先生、どうしたの？］
「あのね、ちょうどいいところにさ、新しい紙芝居が、あしたとどくって」
［やった！］
「じゃぁ、この続きはまたあした」

●紙芝居をダウンロードして印刷しましょう。

【ブロックで筆算を】

　紙芝居「世界一周のたびにチャレンジ①」を、子どもたちと読みましょう。これも「7＋6」
の物語です。

［わかった！　このかみしばいは、ひっさんになってるんだよ］
「ゴンドラが2つあったよね。まず？」
［ブロックでやってみよう。7は2かたぐるまでしょ。6は1かたぐるま。えーと、一のくらい
のゴンドラを下ろす］
「それから？」
［繰り上がりのゴンドラを下ろして、5と5でへーんしんしーん、10］
「で、十のくらいにお引っ越ししたんだね」
「はい、それでは歌いながらやってみましょう」

【歌ってやっちゃおう　繰り上がりのたし算】

●ごろろん　ふたり型（7＋6型）

ふたり型7＋6ブロック

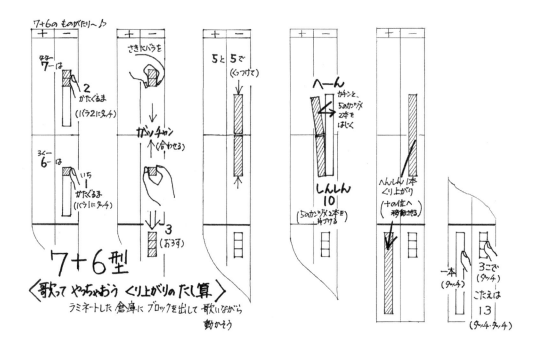

作 KURASAWA

①は　ごろろんひとり型（9＋3）
②は　ごろろんふたり型（7＋6）
ごろろんふたり型では、Aの部分を2回
歌って、Bの部分へ進む。

　問題をみると「答えを書かなきゃ」という脅迫観念にかられる子。覚えたパターンで、やみくもにやってまちがう子。あるいは問題が「できそうにない」と思うと、耐えられなくなって　くしゃくしゃっとプリントを丸め、床に投げつける。目には涙が……。
　また、
　「何のために勉強なんか、せんにゃあいけんのんじゃあ！　算数なんか意味がない！　大っ嫌いだ!!　みんな、いなくなってしまえばいい！」　と、苦しみを吐露する子もいました。
　算数は、できる・できないがはっきりみえるだけに、子どもたちの心を深く、えぐってきたのかもしれません。でも、そんな子どもたちを笑顔にし、立ち直らせることができるのも算数だ。と、わたしはそう思います。

さて、ホワイトボードで筆算をしましょう。

「7たす6のものがたりー」
　問題を見て、2階と1階にブロックを出します。最初はスローモーションで、歌いながら言葉にそって操作していきます。紙芝居のストーリーを、あらゆる感覚を総動員してなぞっていきます。

●脳のあらゆる部位をループでつなげるような使い方（刺激の与え方）を、日常的に意識・継続していくと、子どもたちの発達がうながされていく。そのような実感が実践すればするほど強くなり、これは間違いないと、確信するようになりました。

ブロックを目で見て、

口で歌い、
手で操作し、
手の感触を受け取り、
耳で歌とブロックの弾かれる音を聞き、
頭には紙芝居の映像を映し出し、
心をわくわくさせながら、
リズムにのって……筆算をしましょう。

アドバイス

　初めは、先生と並んで見比べながら操作してもいい。1人分のブロックを先生と2人で一緒に操作してもいい。そのうち、先生はブロックには直接は触らずガイド。それから遠隔操作するみたいに、心の杖になってあげる。（心の杖というのも重要です）

エピソード

　通常学級の担任だったころは、ウクレレを鳴らしながら机間巡視していました。
　「7＋6のものがたり〜」といったら前奏に入る。その間に子どもたちは7と6のブロックを出す。チャカチャカ速いテンポで鳴らすと、「できたー！」「まってまってぇ！」「いいよぉ」と。楽しくなります。そこからはスローペースに落として確実に。難しそうな子がいたら、ペースを落とすし、大丈夫そうなら少しテンポアップ。
　4クラスあった1年生の教室のあちこちから、繰り上がりの歌が聞こえていました。
　「教室まで給食のワゴンを運んでいきよったら、歌が聞こえるんよねぇ。音楽かなぁ思ったけど、なーんか違うみたいで。そしたら算数じゃったんじゃねぇ」

【筆算シート】

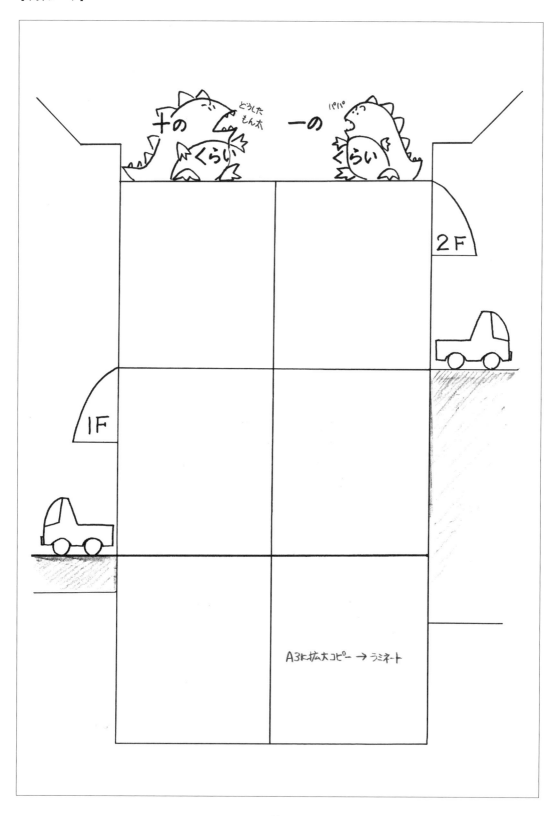

（2）ごろろん　ひとり型

　紙芝居「ようこそ　ぼくたちのうちへ」を、あらためて読んでみましょう。8＋4 の物語になっていますね。大人数になって、10を超えそう。でも、「おとまりハウス」と違って、ごろろんが1人しかいません。ジュース君はできるのでしょうか。

ごろろんが、2人になる……ここがポイント！

10をまとめて大きい「1」とし、隣の位にお引越し。

　紙芝居「世界一周のたびにチャレンジ②」から、筆算を考えましょう。9かたぐるまのくるるんが、「さきにバラをがっちゃん」しようとゴンドラに乗ろうとしています。でも、ゴンドラはモン太が空（から）で下ろしてしまいます。2階に下りてきた空のゴンドラに2くるるんが乗り込み、さっきから危なっかしいリボンちゃんが取り残されますが……。

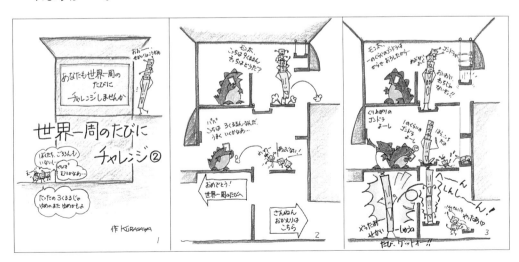

ごろろん ひとり型（9＋3型）

ひとり型9＋3ブロック

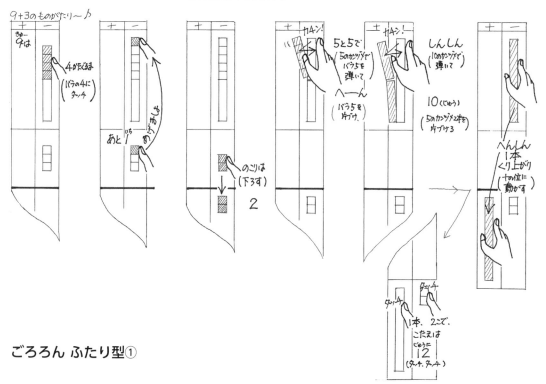

ごろろん ふたり型①

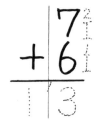

7は 2かたぐるま
6は 1かたぐるま
さきに バラを ガッチャン 3
5と5で へーん しんしん 10
へんしん 1本 くり上がり
1本3こで こたえは 13

ふたり型7＋6ひっ算

ごろろん ひとり型

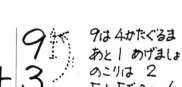

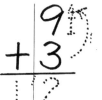

9は 4かたぐるま
あと1 あげましょ
のこりは 2
5と5で へーん しんしん 10
へんしん 1本 くり上がり
1本2こで こたえは 12

ひとり型9＋3ひっ算

ごろろん ふたり型②

あと１あげましょ

ブロック　　ひっ算

さきにバラをガッチャン

ブロック　　ひっ算

　これは、9に "あと１あげましょ"（ひとり型で解く）でもいい。

　10の補数で習ってきた子は "あと１あげましょ" のほうでやる子が多く、まっさらな頭に５のカンヅメを学習してきた子は、"さきにバラをガッチャン" でやる子が多いようです。どちらでもいい。

アドバイス

　通常学級から措置替えで特別支援学級に入ってきた子の場合、それも高学年だと、学び直しには抵抗が強く難しいです。そうした子どもたちが一番苦手なのが、7＋6型の問題。５のカンヅメを学んできた子らなら一番簡単な計算でつまずいています。
　ここをケアするだけでも、ずいぶん楽にしてやることができます。

【型分けゲームをしよう】

　繰り上がりが、あるのかないのか……ここの区別がさっとできるかできないか、ここが重要です。

あそび方

【1回戦】
① 数式カード（繰り上がりがあるカードと、繰り上がりがないカードが数枚）を、シャッフルして山にして置き、布をかける。
② 空き箱を２つ用意する。
③ ジャンケンで順番を決める。
④ 順番に、カードを取って「繰り上がりがある」か「ない」かを答え、箱に分けていく。

【2回戦】
　順番に、「繰り上がりあり」の箱から取り出したカードを使って、今度は「ごろろん　ふたり型」か、「ごろろん　ひとり型」かを答えて箱に分けていく。

【3回戦】
　順番に、先生とジャンケンして、勝ったら自分で箱を選んでカードを取り、答えを出す。ブロックを使うか、黒板に筆算を書くかは選んでいい。ジャンケンに負けたら、先生が選んだカードをもらって答えを出す。
　（これは例なので、ルールは自由に変えてやってみてください）

$$7 + 6 = 13$$

7は 2かたぐるま
6は 1かたぐるま
さきに バラを ガッチャン 3
5と5で へーん しんしん 10
へんしん 1本 くり上がり
1本 3こで こたえは 13

①
$$\begin{array}{r} 6 \\ + 6 \\ \hline \end{array}$$

②
$$\begin{array}{r} 7 \\ + 8 \\ \hline \end{array}$$

③
$$\begin{array}{r} 7 \\ + 7 \\ \hline \end{array}$$

④
$$\begin{array}{r} 6 \\ + 8 \\ \hline \end{array}$$

⑤
$$\begin{array}{r} 5 \\ + 8 \\ \hline \end{array}$$

⑥
$$\begin{array}{r} 6 \\ + 5 \\ \hline \end{array}$$

⑦
$$\begin{array}{r} 8 \\ + 8 \\ \hline \end{array}$$

⑧
$$\begin{array}{r} 6 \\ + 7 \\ \hline \end{array}$$

ごろろん
ふたり型 ②　なまえ _____

$$+\frac{6}{9}$$

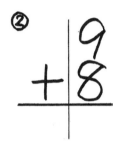

① $+\dfrac{7}{9}$

② $+\dfrac{9}{8}$

③ $+\dfrac{9}{9}$

④ $+\dfrac{9}{6}$

⑤ $+\dfrac{8}{7}$

⑥ $+\dfrac{8}{9}$

⑦ $+\dfrac{9}{7}$

⑧ $+\dfrac{8}{8}$

$$9 \atop +3 $$
12

9は 4 かたぐるま
あと 1 あげましょ
のこりは 2
5 と 5 で へーんしんしん 10
へんしん 1本 くり上がり
1本 2こで こたえは 12

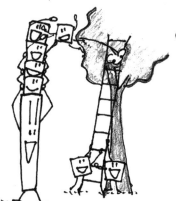

① $8 \atop +3$

② $7 \atop +4$

③ $8 \atop +4$

④ $2 \atop +9$

⑤ $9 \atop +4$

⑥ $6 \atop +4$

⑦ $2 \atop +8$

⑧ $3 \atop +7$

くり上がりの たしざん

なまえ

①
$$\begin{array}{r} 6 \\ +6 \\ \hline \end{array}$$

②
$$\begin{array}{r} 9 \\ +3 \\ \hline \end{array}$$

③
$$\begin{array}{r} 8 \\ +8 \\ \hline \end{array}$$

④
$$\begin{array}{r} 7 \\ +4 \\ \hline \end{array}$$

⑤
$$\begin{array}{r} 9 \\ +9 \\ \hline \end{array}$$

⑥
$$\begin{array}{r} 1 \\ +9 \\ \hline \end{array}$$

⑦
$$\begin{array}{r} 7 \\ +6 \\ \hline \end{array}$$

⑧
$$\begin{array}{r} 5 \\ +5 \\ \hline \end{array}$$

⑨
$$\begin{array}{r} 8 \\ +2 \\ \hline \end{array}$$

⑩
$$\begin{array}{r} 7 \\ +7 \\ \hline \end{array}$$

さあ、もんだいよっ！

ごろろんが ふたり いるのは

なんもん あるでしょう？

こたえ ☐ もん

113

（10 繰り下がりのひき算）

（1）5ポイ、バラポイ型

紙芝居「いたずらロボットとりあつかいせつ明書」

「　」は、先生の問いかけ、
［　］は、子どもの反応の例

1

［あれ？　なんかくるんじゃないね］
［いたずらロボットって書いてあるよ］
［とりあつかい……せつ……なに？］
「とりあつかいせつ明書。いたずらロボットの使い方とかの注意かな」
［なんかさぁ、めっちゃびっくりしょうるよねぇ］
［うん。びっくりして紙をおとしちゃってる。なんて書いてあるの？］
「発注。ロボットの注文がきたのかな？」

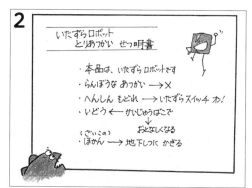

2

「いたずらロボットとりあつかいせつ明書。本品は、いたずらロボットです」
［らんぼうなあつかいは、バツ。ダメってことだね］
［"へんしんもどれ"　は、いたずらスイッチオン。スイッチオンって、なに？］
［スイッチが入るってことだよ］
［いたずらをはじめるってこと？］
［いどう、かいじゅうばこでおとなしくなるって、書いてあるね］
［かいじゅうばこぉ？　かいじゅうがびっくりしてるよ］
「在庫の保管は、地下室に限る」
［ほかんってなに？］
［とっておくことじゃないかぁ？］

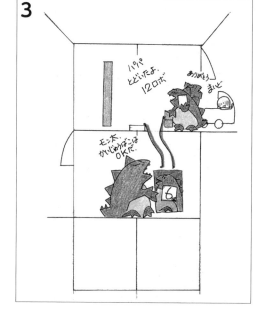

3

「ありがとう」
「まいどっ」
「パパぁ、とどいたよ、12ロボ」
「モン太、注文は6ロボだ。怪獣箱は準備OKだ」
［あのかいじゅうばこに、6ロボを入れればいいんだね］
［かいじゅうばこに上から入るようになってるね。べんり～］
［けど、2ロボしかないんじゃない？　たりんよ？］
［10のカンヅメがあるから、へんしんもどれすれば……］
［そ、それ、だめじゃなかった？］
［あ……］

4

「え～とぉ、2から6ひけないから……、じゃぁ、2は先にゴンドラでおろしていいかな？　そんでぇ、えっとぉ、つぎは……そうだ、へんしんもーどれー！」
[あ～、ダメだよそれ！]
「え？　モン太、モン太!?　どうしたぁ？」
「ぱ、ぱ、た、す、け、て……」
[うわっ！　いたずらロボットがあばれまくってる！]
[モン太、きぜつしちゃってるよ]
[1，2，3、……10ロボだ]

5

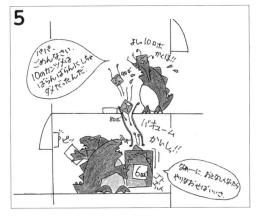

「パパ、ごめんなさい。10のカンヅメは、バランバランにしちゃダメだったんだ」
「どういうこと？」
[ほら、せつめいしょに書いてあったじゃない？　へんしんもどれは、いたずらスイッチが入っちゃうんだよね]
「あぁ、それで大変なことになっちゃったんだね」
[そう、モン太、目ぇまわしよったよねぇ]
「なぁーに、おとなしくなったらやり直せばいいさ」
[このバキュームそうち、すごいりょくだね]
「7ロボ、8ロボ、9ロボ、よし、10ロボかくほ！」

6

[やりなおしてるんだね]
[モン太、なんか持ってるよ]
[ものさしみたいだね]
[こんどはバランバランじゃぁなくて、ごろろんとバラ5にしたらしいよ]
[あ、5ポイして、ごろろんがおちていってる]
[かいじゅうばこに入っていきよるね]
[ちゅうもんは、6ロボだったよね]
[うん。あと1ロボだ]

7

「1ポイ。のこりは4キャッチ！」
「OK、モン太。わしは6ロボを車まで持って行くから、モン太は残りを地下室までおろしておいてくれよ」
「お待たせ。注文の6ロボだ。たのんだよ」
「OK！」
「ざいこ（在庫）は、6ロボ。パパー、できたよォ」
「どういうこと？」
[へんしんの10から5ポイ、1ポイしたから、4でしょ。はじめの2と合わせたら6]

8

8

［あ、王さまだ。いたずらロボットをちゅうもんしたのは王さまだったのかぁ］
［王さま、ぜんぜんこまってないみたいだね］
［ロボ、いっぱいいたずらしてるのにね］
［おれいの手紙がきてるよ］
「モン太、よくやったな」
「うん」

「いたずらロボットとりあつかいせつ明書」で繰り下がりを考える

「このお話を式に書いてくれるかな？」
［えーと、12ロボ入ってきて、ちゅうもんが6ロボだから……、12−6だ］

「なんで大騒動になっちゃったのかなぁ」
［ちょっと、かみしばいもう1回見せて！……ほら、ここ。へんしんもどれ〜って、やっちゃったから］
「そうか、へんしんもどれ〜って、せんかったらよかったんだよね」
［うん。でもね、ちゅうもんの6を、かいじゅうばこに入れるんだよ！へんしんもどれをしなかったら、はこに6ロボ、入れられないよ］
［そうだよ。だって2ロボしかないから、たりなーい］
「そうか、そういうこと。でもさぁ、もう1回やり直した時もへんしんもどれをしたよねぇ」
［だからぁ、2回目はしっぱいせんように、へんしんもどれしたんだよ］
「失敗せんようにって？」

［1回目は、バランバランで……］
［わかった！　2回目はね、上のごろろんだけ、バラにしたんじゃない？］
［ほら、上のほうを向いて、小さい声でいってるもん］
［あ〜、わかったぁ！　ひく6だから、5ポイ、1ポイで、ごろろんのまんまポイすればいいんだよ。だから、10こ、バランバランにしなくってもポイできる！］
「でも、それってさぁ、−8とか、−9とかでもできるわけ？」
［え〜!?］
［できるよ。ほら、見てて。前にデカガエルしゅつどう！とか、デカチビしゅつどうって、やったよね］

「よし、それならみんなも、ブロック出してやってみよう！」

10の "へんしんもどれ" ごっこ①

用意するもの
・ブロック／10のカンヅメ1、5のカンヅメ2、バラ7を人数分
・怪獣箱／各自1……キャラメルの箱など（ブロック取りゲームで使ったもの）
・サイコロ／1　5・6・7・8・9・8の目
・ペットボトルのキャップ／20個くらい
・トレイ／1
・定規／各自1

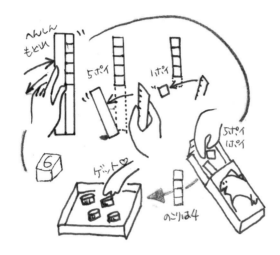

あそび方

ジャンケンで順番を決める。

①　10のカンヅメを出す。

②　決まった順番で1人目が人数より1個少ないキャップ
　　をトレイに出す。準備できたらサイコロを振る。

③　たとえば6が出たら、「10―6」という。

④　各自「へんしんもどれ」とささやいて、10のカンヅメ
　　を5のカンヅメとバラ5に取り換える。
　　　10－6だから「5ポイ、1ポイ」と、各自が定規でブ
　　ロックを軽く弾いてから怪獣箱に入れる。

⑤　「のこりは4」といえたら、素早くトレイのキャップを
　　取る。（1人だけ取れない）

⑥　次の子がサイコロを振り、①から⑤を同様に進める。
　　箱のキャップがなくなったらおしまい。

唱えてやっちゃおう 繰り下がりのひき算

① 5ポイ バラポイ型
13−9のものがたり

5ポイバラポイ型

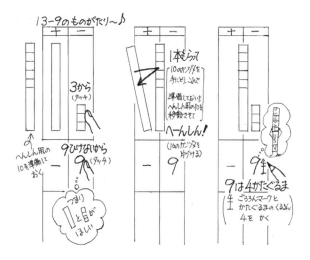
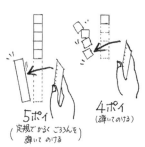
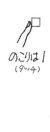

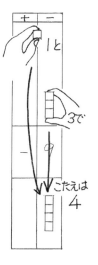

紙芝居でいえば、13−9の場合13が入庫したいたずらロボット。10のカンヅメとバラが3ロボ。

王さまからの注文は9ロボなので、バラが足りません。"へんしんもどれ"が必要ですね。モン太の失敗に学んで、バランバランにならないように、ささやき声でへんしん。5ポイ、4ポイは定規を使って軽くはじきましょう。

アドバイス

子どもによっては、ひき算の「ひく数」のとらえが難しい場合もあります。その場合、紙芝居のように怪獣箱を置くようにすれば、意味がとらえやすくなります。

ラミネートした怪獣のおなかにⅠマークとバラの数を書くと、よりはっきりします。

イラストは、"へんしんもどれ"の10から、−7、5ポイ、2ポイしています。にぎった手を開かないのが「ミソ」。見えないものを見る力、イメージ機能はとても重要です。

② 5ポイ　0ポイ型
11－5のものがたり

5ポイ0ポイ型

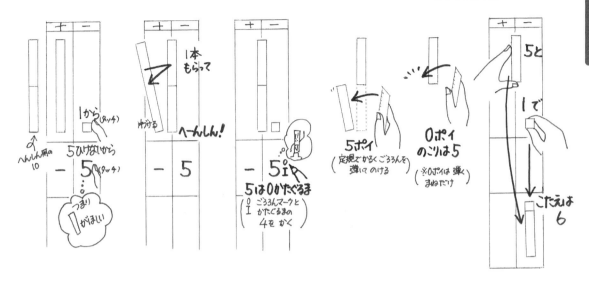

　5ポイ、0ポイの場合、バラはいらないので10のへんしんをさらに省くことができます。教えずに子どもたちがブロック操作をする中で気づいてほしいなぁ……と思います。

　誰かが気づいたら、一緒に驚き、子どもの発見を大いに喜んでやって欲しいです。その子の名前をつけて、「○○ちゃん型」と命名すると、とても嬉しいものです。

③ バラだけ　ポイ型
12－4のものがたり

バラだけポイ型

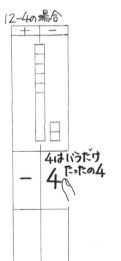

5ポイがない型です。

4はバラだけ　たったの○。
上から○ポイ、のこりは□。

アドバイス

　この時、5ポイしてないことを忘れて間違ったりします。その時は、

　「もう！　○○ちゃんたら、ぼくのこと忘れちゃったでしょう？　忘れないでよーぅ！」と、ごろろんを持ってくすぐりにいきましょう。

５ポイ バラポイ型で筆算を考えよう

ブロック操作と同じ唱えで筆算をしましょう。

16－9のものがたり

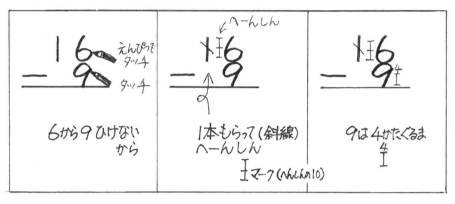

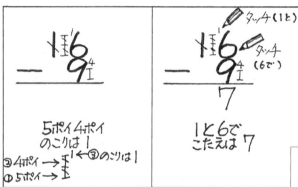

●へんしんの10はⅠの２階建て記号を書きます
　が、下はごろろん、上はバラの５という約束で。

同じように、
11－5のものがたりでも、やってみましょう。

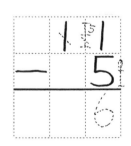

11-5 のものがたりー！
１から５ひけないから
１本もらって へーんしん
５は ０かたぐるま
５ポイ ０ポイ のこりは５
５と１で こたえは 6

５は、０かたぐるま、ですから、０ポイは "ポイするふり" だけ。

12－4のものがたりでも、やってみましょう。

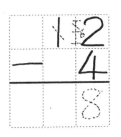

12−4 のものがたりー！
2から4ひけないから
1本もらって へーんしん
4は バラだけ たったの4
上から 4ポイ のこりは 6
6と2で こたえは 8

でも、うっかりごろろんの存在を落としがちです。
その時は、ごろろんに飛んでいってもらいましょう。
「もうっ！ ぼくのこと、わすれないで！」

4は、バラだけで、ごろろん
はポイしません。
だから、上から4ポイだけ。

10の "へんしんもどれ" ごっこ②

用意するもの
・ブロック／ 10のカンヅメ1、5のカンヅメ2、バラ7を人数分
・怪獣箱／各自1 ……キャラメルの箱など
　　　　　　　　（ブロック取りゲームで使ったもの）
・サイコロ／1　0〜9の目*（10面サイコロはネットで検索）
・ペットボトルのキャップ／30*
・トレイ／1　　・定規／各自1
＊のところだけ、へんしんもどれごっこ①と違っています。

あそび方

① ジャンケンで順番を決め、へんしんもどれごっこ①の時と同じように進める。
② 0の目が出た時は、1回休み。

型分けゲームをしよう

あそび方

【1回戦】
① 数式カード（繰り下がりがあるカードと、繰り下がりがないカードが数枚）を、シャッフルして山にして置く。
② 空き箱を2つ用意し、順番にカードを取って「繰り下がりがある」か「ない」かで箱に分ける。

【2回戦】
　空き箱を3つ用意し、順番にカードを取って、「5ポイ　バラポイ型」「5ポイ　0ポイ型」「バラだけ　ポイ型」に分けて箱に入れる。

【3回戦】
　友だちとジャンケンして、勝ったら自分でカードを取り、答えを出す。ブロックを使うか、黒板に筆算を書くかは選んでいい。ジャンケンに負けたら、相手が選んだカードの答えを出す。

①
```
 1 3
- 9
───
```

②
```
 1 1
- 8
───
```

③
```
 1 6
- 7
───
```

④
```
 1 8
- 9
───
```

⑤
```
 1 1
- 7
───
```

⑥
```
 1 6
- 8
───
```

⑦
```
 1 7
- 9
───
```

⑧
```
 1 2
- 8
───
```

⑨
```
 1 6
- 9
───
```

⑩
```
 1 7
- 8
───
```

⑪
```
 1 2
- 9
───
```

⑫
```
 1 1
- 9
───
```

5ポイ バラポイ②

①
$$\begin{array}{r} 12 \\ -\ 6 \\ \hline \end{array}$$

②
$$\begin{array}{r} 14 \\ -\ 8 \\ \hline \end{array}$$

③
$$\begin{array}{r} 13 \\ -\ 7 \\ \hline \end{array}$$

④
$$\begin{array}{r} 14 \\ -\ 9 \\ \hline \end{array}$$

⑤
$$\begin{array}{r} 14 \\ -\ 6 \\ \hline \end{array}$$

⑥
$$\begin{array}{r} 11 \\ -\ 6 \\ \hline \end{array}$$

⑦
$$\begin{array}{r} 12 \\ -\ 7 \\ \hline \end{array}$$

⑧
$$\begin{array}{r} 13 \\ -\ 8 \\ \hline \end{array}$$

⑨
$$\begin{array}{r} 14 \\ -\ 7 \\ \hline \end{array}$$

⑩
$$\begin{array}{r} 13 \\ -\ 6 \\ \hline \end{array}$$

⑪
$$\begin{array}{r} 14 \\ -\ 9 \\ \hline \end{array}$$

⑫
$$\begin{array}{r} 13 \\ -\ 7 \\ \hline \end{array}$$

12-4 のものがたり～！
2から4ひけないから
1本もらって へーんしん
4は バラだけ たったの4
上から4ポイ のこりは6
6と2で こたえは8

①
$$\begin{array}{r} 1\,1 \\ -\ \ 2 \\ \hline \end{array}$$

②
$$\begin{array}{r} 1\,1 \\ -\ \ 4 \\ \hline \end{array}$$

③
$$\begin{array}{r} 1\,3 \\ -\ \ 4 \\ \hline \end{array}$$

④
$$\begin{array}{r} 1\,1 \\ -\ \ 3 \\ \hline \end{array}$$

⑤
$$\begin{array}{r} 1\,2 \\ -\ \ 3 \\ \hline \end{array}$$

⑥
$$\begin{array}{r} 1\,0 \\ -\ \ 4 \\ \hline \end{array}$$

⑦
$$\begin{array}{r} 1\,0 \\ -\ \ 3 \\ \hline \end{array}$$

⑧
$$\begin{array}{r} 1\,0 \\ -\ \ 2 \\ \hline \end{array}$$

⑨
$$\begin{array}{r} 1\,0 \\ -\ \ 1 \\ \hline \end{array}$$

5ポイ バラポイ
5ポイ 0ポイ

なまえ _____

11-5 のものがたりー！
1から5 ひけないから
1本もらって へーんしん
5は 0かたぐるま
5ポイ 0ポイ のこりは5
5と1で こたえは 6

$$\begin{array}{r} 11 \\ -\ 5 \\ \hline 6 \end{array}$$

① $\begin{array}{r} 13 \\ -\ 6 \\ \hline \end{array}$　② $\begin{array}{r} 13 \\ -\ 7 \\ \hline \end{array}$　③ $\begin{array}{r} 12 \\ -\ 6 \\ \hline \end{array}$

④ $\begin{array}{r} 14 \\ -\ 8 \\ \hline \end{array}$　⑤ $\begin{array}{r} 14 \\ -\ 6 \\ \hline \end{array}$　⑥ $\begin{array}{r} 14 \\ -\ 5 \\ \hline \end{array}$

⑦ $\begin{array}{r} 13 \\ -\ 5 \\ \hline \end{array}$　⑧ $\begin{array}{r} 12 \\ -\ 5 \\ \hline \end{array}$　⑨ $\begin{array}{r} 14 \\ -\ 7 \\ \hline \end{array}$

くり下がりの ひきざん

なまえ

①
$$\begin{array}{r} 11 \\ -\ 4 \\ \hline \end{array}$$

②
$$\begin{array}{r} 12 \\ -\ 8 \\ \hline \end{array}$$

③
$$\begin{array}{r} 13 \\ -\ 5 \\ \hline \end{array}$$

④
$$\begin{array}{r} 11 \\ -\ 6 \\ \hline \end{array}$$

⑤
$$\begin{array}{r} 13 \\ -\ 4 \\ \hline \end{array}$$

⑥
$$\begin{array}{r} 17 \\ -\ 8 \\ \hline \end{array}$$

⑦
$$\begin{array}{r} 10 \\ -\ 3 \\ \hline \end{array}$$

⑧
$$\begin{array}{r} 11 \\ -\ 3 \\ \hline \end{array}$$

⑨
$$\begin{array}{r} 14 \\ -\ 5 \\ \hline \end{array}$$

⑩
$$\begin{array}{r} 14 \\ -\ 9 \\ \hline \end{array}$$

ばらだけポイがたは
きをつけて!!

ぼくのこと
わすれないで
ね♡

126

Column コラム 「こども語」 と 子どもの世界

期待に満ちた眼差し

「ねぇ、Y先生、今日の1年生の算数めっちゃおもしかったんよ」（Y先生は1組、知的障害特別支援学級の担任）

わたしは授業の一節を小声で話しはじめた。するとそばで給食を食べていたT君がぱっとこちらに顔を上げた。眼が輝いていた。いつものT君とは違う、この反応はなに？　言葉の発達に遅れのあるT君の「なにがはじまるの？」という期待に満ちた眼差しだった。

T君は1組の1年生。（1年生4人のひまわり算数には参加していない）このごろ嬉しいことに、「ボール（バランスボール乗り）であそぼ」と、わたしの手を取ってあそびに誘ってくるようになった。残念ながら会話らしい会話は成立せず、オウム返し。意識して話しかけるが、ほぼ一方通行だ。それだけに、今日のあの期待で見開かれた眼は印象的だった。頭に感嘆符と疑問符を浮かべつつ、T君に笑顔を返す。「だからなに？　なにがはじまるの？」とでもいうようにT君の関心がそれていかない不思議。この眼には覚えがある。

初体験……こども語？

『こども語』とでもいえばいいのかな？　全く別のことをしていた子どもたちが、いっせいに振り返る言葉。声のトーンなのか語り口なのか、とにかく子どもたちをいっせいにひきつけてしまう不思議体験があった。

以前、新婦人のお母さんやおばあちゃんたちに呼ばれていった時のこと。

「子どもが小学校に上がったけれど、算数で困っている。入門期の算数をどう家庭でフォローしてやればいいのかわからない」

ということで、わたしは教具類を抱えて公民館を訪ねていった。部屋に入ると、ほぼ知らないお母さんとおばあちゃんたちだったが、細長い部屋の奥には子どもたちがいた。

（なあんだ、子どもたちがいるんだったら、実際を見てもらったほうがわかりやすい）

自己紹介もそこそこに、うさこを手にとっていきなり子どもたちに話しかけてみた。

「おはよう！　ねえねえ、わたし、おなかがぺっこぺこなんだぁ」

部屋の奥、折り紙であそんでもらっていた子どもたちがいっせいに顔を上げた。ぞくっとするほどの反応！『こども語』を意識した最初の記憶だ。

めっちゃおもしろかった、今日の授業

冒頭の『今日』は、8月31日。1年生の子どもたちはずいぶん賢くなってきた。数がかなり把握できるようになり、数式も、筆算もわかるようになってきた。

授業の初めはりんごカード。今日は「大小ゲーム」に続いて「花札あそび」をやり、初めて「7ならべ」ならぬ「3ならべ」を楽しんだ。それからペンギンジャンプ。その次は筆算のプリント。5までのたし算を2枚、5までのひき算を1枚。いいペースだ。そしてひき算の2枚目、5－□型のプリントを配ると、

「あ、これおもしろいやつじゃ！」とTK君。前回、誰よりノリノリだったTK君、さすが！でもその声は聞き流し、一番計算が不安なKちゃんに焦点を絞る。

わたし「5－1のものがたり〜」……この続きはp43に書いたとおりだ。この日からずっと脳裏を離れない思い。T君と5人の算数は……夢なのかな。

むくむくと湧き上がる夢

　4月、情緒2クラスに分かれて在籍する1年生4人を一緒にしてのひまわり算数が実現した。とても嬉しかった。その時は、知的クラスのT君は無理かな……と、4人ではじめたのだった。しかし、8月末のT君の「期待に満ちた眼差し」によって、わたしの心に新たな夢が芽生えた。

　「5人の算数は……夢なのかな。この夢を実現させられないものか」と。

　その後、特支担任2人の了承を得て、週1回の頻度で5人の算数をはじめることとなり、わくわくした。

　9月14日。手はじめは、ブロックでの数の階段。

　「T君、おはよう。ぼく、階段がつくってほしいんだ。ほら、こんなふうにね」（3段まで組んで崩す）

　ペンギンのフィギュアが話しかける。T君はブロックを動かしはじめた。

　「ぴょん！　積んで、積んで！」ペンギンがねだる。階段が延びていく……、すごいすごい。5段まで積んだブロックがグラグラ揺れて、(p49のイラスト参照)

　「あーっ、あぶない！」T君に見入っていた他の1年生たちから、思わず声がもれる。同じ教室内で別の学習をしていた4年生・5年生の2人も、いつの間にかT君の学習を見守っていた。

　「T君、ヘンシンだよ。ゴロロンにヘンシンせんにゃあ！」（へんしんしなくっちゃ）と、他の1年生たちが思わず声をかける。わたしの心も踊る。

　階段に喜んだペンギンが、階段を登る。登るかと思えばフェイントかまして下りたりする。「5、6あれ？　4、3……」T君の頭はフル回転。T君は予想を超えて食いついてきた。手応えは十分だ。

学び合い、育ち合う仲間

　「T君、すごいね」

　周りの子どもたちはT君の参観状態になってしまったが、それはそれで大切な時間だったと思う。大人も子どもも、なにかと人との優劣で物事を考えがちだけれど、ここで子どもたちが共有した価値観は違ったはずだ。

　T君の学びに対する真っ直ぐな眼差し。持てる力を総動員して取り組む姿。新しく見えはじめた可能性に対する喜び。友だちの喜びに自分の気持ちを重ねる心地よさ。こうした空気の中で、皆それぞれの成長がうながされていく。学び合い、育ち合う仲間が、ここにある。言葉の発達が遅れていても、教具操作がコミュニケーションのツールとなる。言葉で説明されるより、あそびの中でわかってくることのほうが、ずっと力になる。なにより、1年生同士での刺激は重要だ。

　わたしの実践は、子どものもつ可能性によって突き動かされてきた。こうして生まれたのが、「こども語」で子どもの世界に飛び込んで展開する、算数。そしてここに、本書が誕生した。

一の位、十の位で大きさを変えましょう。

おわりに

「発達スイッチ、見つけました！」
「なるほど、学びのスイッチも"オン"になりましたよ！」

　読んでくださった方から、そんな声が上がったら、どんなに嬉しいでしょう。子どもたちって、測り知れない可能性をもっているんだなぁと、びっくりさせられっぱなしです。

　今年度出会った子どもたちも、出会った時は反応が緩く、ちょっと難しくなると顔がくもり、椅子からずり落ちていたんです。

　でも、ほんの数か月で表情からして変わってきました。スイッチが入ったんですね。そうしたら、今まで気づかなかった自分、「できるかもしれない自分」が見えはじめたんだと思うんです。「もっといろんなことができるかもしれない」って思えるように変わってきました。物事に前向きなチャレンジャーになってきたんです。難しくても、へこたれなくなってきました。よくしゃべるようになり、驚いたことに友だちができ、大休憩になると外へ飛び出していくようになりました。

　先生の仕事って、何でしょうか、一番大切な仕事って。わたしは、子どもの未来を、可能性を信じることだと思います。発達が滞ってきたのなら、その発達、動かしてみましょう。スイッチはどこに隠れているのかな？「あった、あった！」と見つけてみれば、そこにも、ここにも、あっちにも、こっちにも、驚くほどたくさんのスイッチが見つかります。まるで宝探しです。

　得意なことに光を当て、苦手としてきたこともやってみれば楽しいことがいっぱいある。掃除もリコーダーもなんでも、あそび感覚でやってしまいましょう。

　基本は、この1冊の算数本にまとめました。学校生活が、キラキラ楽しいことでいっぱいになったら、子どもたちは自ら歩みはじめます。未来が動きはじめるのです。

　出版のチャンスをくださった皆さんに感謝します。出版の声がかかるまでに育ててくれた数学教育協議会（数教協）の諸先輩方と全国の仲間に感謝します。わたしの実践は、全国の数教協の皆さんの実践の上に成り立っているからです。

　そして、一番身近で力を貸してくれた広島算数サークルの皆さんに感謝します。

倉澤明子

倉澤明子（くらさわ　あきこ）

　1956年、兵庫県生まれ。

　教員として採用されてから６年間、広島で小学校の教員として勤務。その後の12年間を「福島教育集会所」（社会教育）で指導員として勤務。「子どもたちに、今一番必要なのは何か」「なかまと共に育ち合う」ということを第一に考えて企画することを身をもって学ぶ。その後、小学校に戻り、定年退職した現在も臨時的任用職員として勤務している。特別支援学級の担任は16年目になる。

　「楽しくなければ授業じゃない」（松井幹夫：数教協の中心的メンバーとして活躍。自由の森学園元学園長）という言葉に衝撃を受け、広島算数サークルをベースに、子どもたちが目を輝かせる授業実践を研究中。子どもたちの未来を拓いていくこと、子どもたちの変容（発達・成長）に大きな関心を寄せている。

　数学教育協議会（数教協）の機関誌「数学教室」に、2017年度と2019年度から2023年度まで、通算６年間、「特別支援の算数」「子どもの笑顔が見たくて♥」を連載。

【特別支援教育や算数科教育を実践する上で、羅針盤となった書物】
『海馬 脳は疲れない』池谷祐二・糸井重里共著（朝日出版社）
『発達障害は治りますか?』神田橋條治著（花風社）
『脳みそラクラクセラピー　発達凸凹の人の資質を見つけ開花させる』愛甲修子著（花風社）
『愛着障害は治りますか?』『知的障害は治りますか?』愛甲修子著（花風社）
『イメージ脳』乾 敏郎著（岩波書店）
『脳を鍛えるには運動しかない』ジョン・J・レイティ エリック・ヘイザーマン共著（NHK出版）

【協力】
ビデオ撮影／伊田忠治　QRコード作成／何森真人　ビデオ撮影ほか／広島算数サークル　童心社

紙芝居・イラスト・図版・教材制作●倉澤明子
編集●内田直子　　本文DTP●渡辺美知子

さんすうをあきらめないで　特別支援の算数学習

2024年３月12日　第１刷発行

著　者●倉澤明子
発行人●新沼光太郎
発行所●株式会社いかだ社
　　　　　〒102-0072東京都千代田区飯田橋2-4-10加島ビル
　　　　　Tel.03-3234-5365　Fax.03-3234-5308
　　　　　ウェブサイト　http://www.ikadasha.jp
　　　　　振替・00130-2-572993
印刷・製本　モリモト印刷株式会社